U0638300

高速公路路面检测与养护研究

邓树森　汤俊杰　许建腾◎著

北京工业大学出版社

图书在版编目（CIP）数据

高速公路路面检测与养护研究 / 邓树森，汤俊杰，
许建腾著 . — 北京 ： 北京工业大学出版社，2020.4（2021.8 重印）
ISBN 978-7-5639-7335-4

Ⅰ．①高… Ⅱ．①邓… ②汤… ③许… Ⅲ．①高速公
路—路面—检测—研究 ②高速公路—路面—公路养护—研
究 Ⅳ．① U415.1 ② U418.6

中国版本图书馆 CIP 数据核字（2020）第 061586 号

高速公路路面检测与养护研究

GAOSU GONGLU LUMIAN JIANCE YU YANGHU YANJIU

著　　者：邓树森　汤俊杰　许建腾
责任编辑：刘　蕊
封面设计：点墨轩阁
出版发行：北京工业大学出版社
　　　　　（北京市朝阳区平乐园 100 号　邮编：100124）
　　　　　010-67391722（传真）　bgdcbs@sina.com
经销单位：全国各地新华书店
承印单位：三河市明华印务有限公司
开　　本：710 毫米 ×1000 毫米　1/16
印　　张：13
字　　数：260 千字
版　　次：2020 年 4 月第 1 版
印　　次：2021 年 8 月第 2 次印刷
标准书号：ISBN 978-7-5639-7335-4
定　　价：48.00 元

作者简介

　　邓树森，男，广东茂名人，现工作于广东省交通运输建设工程质量检测中心，路桥工程师。参与港珠澳大桥交工验收检测、潮漳高速交工验收检测、广东省龙川至怀集公路英德至怀集段交工验收检测等。

　　汤俊杰，男，广东清远人，现工作于广州诚安路桥检测有限公司，路桥工程师。参与过广东省潮州至惠州高速公路交工检测、广东省龙川至怀集公路交工检测、2017—2018年广州市收费公路（高速）路面养护水平评价专项检测、路面损坏检测数据可靠性保障技术研究、耐水降噪型高性能超薄罩面关键技术研究等。

　　许建腾，男，广东湛江人，现工作于广州诚安路桥检测有限公司，路桥工程师，主持过广州市北二环高速公路路面及路基综合检测、乐昌至广州高速公路路面回弹弯沉检测、广佛肇高速公路肇庆大旺至封开江口段定检及竣工前检测等，曾多次获得优秀员工称号。

前　言

随着我国高速公路网络的逐步完善，路面检测与养护在公路工程中愈发重要。路面检测是合理制定养护策略的前提，在对路面使用性能参数及规律进行充分调查和科学分析基础上，基于可靠性理论和优化技术，提出高速公路检测优化方法，以使道路检测与路面性能变化规律相一致。从已建成的高速公路沥青路面使用状况来看，受建设技术水平、管理水平、筑路材料、气候及超载超限等因素的综合影响，我国高速公路普遍存在病害严重、寿命偏短的现象。因此，如何保持路网的完好并不断改善高速公路的技术状况，降低养护成本，延长公路使用寿命，更好地维持高速公路服务水平，已成为目前公路养护面临的重要课题。

全书共七章。第一章为绪论，主要阐述高速公路的概念、高速公路的发展状况与特点、高速公路路面结构等内容；第二章为高速公路沥青路面，主要阐述沥青路面的特点与分类、沥青路面的力学特征、沥青路面的性能要求与相关技术等内容；第三章为高速公路沥青路面检测，主要阐述沥青路面使用性能的调查、沥青路面性能的影响因素分析、沥青路面的检测参数、沥青路面的可靠性分析等内容；第四章为高速公路沥青材料的检测，主要阐述沥青材料试验检测方法、沥青混合料的技术标准、沥青混合料试验检测方法等内容；第五章为高速公路沥青路面的病害问题，主要阐述沥青路面的车辙病害与处置、沥青路面的水损害与处置、沥青路面的裂缝类病害等内容；第六章为高速公路沥青路面的预防性养护，主要阐述预防性养护的概念、高速公路沥青路面预防性养护的决策与流程、高速公路沥青路面预防性养护的时机等内容；第七章为高速公路沥青路面预防性养护技术，主要阐述裂缝填封类预防性养护技术、表面涂刷类预防性养护技术、封层类预防性养护技术、罩面类预防性养护技术、预防性养护的新发展等内容。

本书由第一作者邓树森、第二作者汤俊杰、第三作者许建腾共同撰写；其中第一作者邓树森负责撰写第二章、第三章、第六章，共计 9 万字；第二作者汤俊杰负责撰写第一章、第五章，共计 9 万字；第三作者许建腾负责撰写第四章、第七章，共计 8 万字。

为了确保研究内容的丰富性和多样性，在写作过程中作者参考了大量理论与研究文献，在此向这些文献的作者表示衷心的感谢。

最后，限于作者水平，加之时间仓促，本书难免存在一些不足之处，在此，恳请广大读者批评指正。

目　录

第一章　绪论

高速公路作为现代化的公路运输基础设施，其产生和发展是国民经济发展的必然结果，是衡量一个国家公路交通运输和汽车工业现代化水平的重要标志，在公路交通运输和国民经济发展中具有举足轻重的地位和作用。我国自改革开放以来，在四十多年时间内，高速公路从无到有，发展迅速，通车总里程跃居世界前列，成为世界上公路交通较为发达的国家。本章主要分为高速公路的概念、高速公路的发展状况与特点、高速公路路面结构三部分。

第一节　高速公路的概念

一、高速公路的概念

（一）高速公路定义

高速公路属于高等级公路，是技术标准提高后的公路，但与普通公路具有一定的差异。高速公路是经济发展的产物，其建设情况反映着一个国家和地区的交通发达程度乃至经济发展的整体水平。

《中国大百科全书（土木工程卷）》将高速公路定义为：中央设置有一定宽度的分隔带，两侧各配备两条或两条以上的车道，分别供大量上下行汽车高速、连续、安全、舒适地运行，并全部设置立体交叉和控制出入的公路。

《公路工程名词术语》则将高速公路定义为：具有四个或四个以上车道，并设有中央分隔带，全部立体交叉并具有完善的交通安全设施、管理设施、服务设施，全部控制出入，专供汽车高速行驶的公路。

（二）高速公路特征

从交通和管理上看，高速公路与普通公路相比，具有以下优点。

1. 通行能力大

我国对高速公路的车速有明确规定，除了特殊路段的困难地形之外，通常情况下，车速可达 80 km/h 以上，最高车速为 120 km/h。据调查，美国和英国高速公路的平均车速分别为 97 km/h 和 110 km/h。和一般公路相比，在相同里程内，由于高速公路的行车速度高，因此其行车数量也要大得多，我们以一条四车道高速公路为例，其每昼夜可通行 5 000 辆中型车。和一般的主要公路相比，高速公路的行车数量要高出 3 ~ 4 倍之多。

2. 安全性较好

高速公路由于实行全封闭的管理以及线形标准高，消除了车辆的侧向干扰，行驶条件良好，因此行车的安全性大大提高。据有关资料显示，欧美国家高速公路事故率、死亡人数和事故费用分别是普通公路的 1/3、1/2 和 1/4。日本普通公路交通事故每亿千米为 1 195 起，高速公路为 27 起，普通公路事故率是高速公路的 7.2 倍。高速公路中的监控和紧急电话设施可大大减少人员死亡人数和受伤程度。但值得注意的是，由于高速公路行车速度快，一旦发生事故，其后果更惨重。

3. 运输效益提高

高速公路上行驶车辆的车速快，因此行程时间缩短。同时，单位车公里（1 公里 =1 千米）油耗及机械损耗也明显减少，使运输成本降低，效益大大提高。据统计，高速公路每车公里的油耗和运费比普通公路可分别降低 25% 和 53%。但对于时间价值不高的使用者，高速公路的收费增加了他们的出行成本。

（三）高速公路修建带来的问题

1. 占地多、投资大、造价高

一般高速公路用地宽度至少为 30 ~ 35 m，六车道为 50 ~ 60 m，八车道为 70 ~ 80 m。一个互通式立体交叉用地达 40 000 ~ 100 000 m²，而一座完整的互通式立交桥占地 15 ~ 150 hm²，可见，和普通公路相比，它的建设用地的规模是十分大的。由于工程量大、标准高，高速公路的建设投资比一般公路多得多，通常能达到一般公路的十几倍。高速公路的土方、路面、桥涵及设施费约占总投资的 80%。高速公路建设初期投资很大，我国高速公路平均造价超过 1.5×10^7 元 /km，有的超过 5×10^7 元 /km，还有些造价能够达到 9×10^7 元 /km，甚至有的造价达到 1.23×10^8 元 /km。这对我国以及各省地方财政造成较大压力。

2. 对环境影响大

高速公路路基宽，占地大，对原有自然环境改变很大，会对地形、植被、水系以及地基产生破坏。另外，高速公路的修建会对周围居民生活和生产带来影响，如汽车噪声影响居民休息，废气和粉尘对居民健康带来危害。这些影响可以通过规划和设计克服或者降低到最小。

二、高速公路的功能

（一）运输功能

公路运输具有门到门直达运输的灵活性，高速公路更为突出，尤其适宜于客运和鲜货集装箱的零担运输。有些发达国家在较长运距的运输中，公路比铁路效率高、运量大、成本低。

2018 年，我国交通运输各子行业客货运量仍然保持高水平态势，全年完成营业性客运周转量 34 217.42 亿人公里，货运周转量 199 385.00 亿吨公里，分别同比增长 4.3%、3.5%。其中，公路运输行业完成客运周转量 9 279.68 亿人公里、货运周转量 71 249.21 亿吨公里，货运周转量比上年增长 6.7%；铁路运输行业完成客运周转量 14 146.58 亿人公里、货运周转量 28 820.55 亿吨公里，分别同比增长 5.1%、6.9%；水路旅客周转量 79.57 亿人公里，同比增长 2.5%，货运周转量 99 052.82 亿吨公里，同比增长 0.4%；民航旅客周转量 10 711.59 亿人公里，同比增长 12.6%，货运周转量 262.42 亿吨公里，同比增长 7.7%。2018 年度各种运输方式的客运周转量和货运周转量如图 1-1 所示。从图 1-1 中可看出我国公路在货运周转量、客运周转量上占据着重要位置。

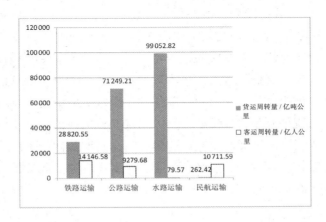

图 1-1　2018 年度不同运输方式的营业性客、货运周转量

（二）经济功能

高速公路的经济功能体现在两个方面：①高速公路建设的投资拉动作用；②高速公路建成后方便快捷的交通条件能够带动地方经济的发展。

建设高速公路往往投资巨大，其存在着潜在的、长期的影响，拉动经济就是它在经济功能方面最为直观的影响。据测算，每 1 元公路建设投资带动的社会总产值接近 3 元，相应创造国民生产总值 0.4 元，每亿元公路建设投资可为公路建筑业创造 2 000 个劳动日就业机会，而同时为相关产业提供就业机会近5 000 个劳动日。

（三）军事功能

高速公路经济、军事的双重性质是历来就具有的。世界各国都将高速公路建设的发展目标定位成实现经济效益和国防需求的有机统一。当今世界上很多国家都从本国的国防战略出发把高速公路建成应急机场，纳入高速公路建设的总体规划，增强国家交通的应急能力和军事威慑力。

第二节　高速公路的发展状况与特点

一、国内外高速公路的发展状况

汽车工业的发展带动了高速公路的产生和发展，两者的发展是密不可分的。20 世纪 20—30 年代，新兴工业化国家汽车工业的蓬勃发展是高速公路产生的原动力。1876 年，奥托发明了四冲程燃气发动机；1885 年，戴勒姆和本茨发明了汽车；1890 年，邓禄普发明了橡胶充气轮胎；1895 年，第一辆拥有完整内部发动机的汽车在法国制造成功；1908 年美国人亨利·福特采用标准化、专业化生产方式，大大降低了汽车的成本，使汽车成为大众普及型的交通工具。汽车的行驶速度越来越快，这就对公路提出了要求。以前的土路或者泥结碎石路面不再适应高速化汽车的行驶要求。1832 年焦油沥青路面在英国诞生，以后几十年中，贯入式、沥青混凝土路面相继出现，新型路面的出现为汽车高速行驶提供了道路载体。在政治、经济、社会、军事等各方面因素推动下，公路高速化在 20 世纪 30 年代初开始孕育。

（一）德国高速公路发展

世界上第一条高速公路诞生于德国。德国第一条机动车道于 1913 年开始建造，1921 年开放，位于柏林格鲁内瓦尔德的阿瓦斯，长约 19 km。这段试验车道建成之后，人们开始考虑建设高速公路。此时的德国处于魏玛共和国时期，因缺乏资金和政治支持，进展异常缓慢。1932 年德国试建的从科隆到波恩的双向四车道全部立体交叉的汽车专用公路，是远程公路中技术标准最高的一类公路。路上车流连续高速行驶，取名 Autobahn，英译为 freeway 或 motorway，是世界上第一条高速公路。1933 年德国通过了关于设立帝国高速公路企业的法律，规划了 4 800 km 的高速公路网络。次年，又通过了《公路新规定法》，将规划的帝国高速公路网扩大到 6 900 km，到 1942 年，德国建成了 3 860 km 的高速公路，并有 2 500 km 的高速公路在建设中。第二次世界大战后，联邦德国将原帝国高速公路改称为联邦高速公路。1957 年制定了联邦长途公路扩建计划，1970 年当这一扩建完成时，公路网仍不能满足交通需求，于是从 1970—1985 年又进行了第二个扩建计划，将联邦公路规模翻了一番。1996 年联邦高速公路长度达到 11 190 km。到 1999 年，德国高速公路总里程达到 1.15×10^4 km，形成了欧洲最庞大的高速公路网，并有 9 条高速公路与邻国相通。目前，德国高速公路达到 1.28×10^4 km。

（二）日本高速公路发展

日本是一个四面临海的岛国，面积约 3.8×10^5 km²，人口约为 1.3 亿。面积约为我国的 1/25，人口为我国的 1/10，且资源贫乏，但高速公路密度非常大。1963 年 7 月，日本的第一条高速公路诞生，这条高速公路命名为名神高速公路，全长 190 km，它连接了神户和名古屋。当时，连接兵库县尼崎市和滋贺县栗东町的第一期工程区段是首先开通的，全长 71 km，由此，日本进入普及汽车的时代，此后，高速公路建设在全国各地陆续展开。由于当时的日本经济正处于高速增长期，因此出现了人员和货物大量高速流动的市场需求。1997 年，日本高速公路总长度达 5860 km，占公路总长的 0.51%，却承担了公路运输总量的 25.6%。日本的高速公路网在 2005 年已经基本建设形成，高速公路里程达到了 1.15×10^4 km。

（三）法国高速公路发展

法国高速公路从 20 世纪 20—30 年代开始建设，政府为了加快经济的发展，于 1934 年制定了高速公路发展计划，但受到第二次世界大战的影响，被迫中断。"二战"后，法国在恢复国民经济的同时，加快公路建设速度，大力发展高速公路，扩大基础设施建设，1955 年制定了《汽车公路法》。1956 年又提出十年计划，从 1960 年起开始建设城市间高速公路，到 1970 年初步建成包括从里昂到巴黎、马赛高速公路在内的 1 600 km 干线高速公路网。70 年代，法国实行了私营高速公路特许公司制，这大大加快了高速公路的建设步伐。1971—1985 年，建成高速公路 4 000 km，逐步构成了运输畅通的全国公路网络。到 1998 年 1 月，全国公路网总里程已达到 973 900 km，其中高速公路为 8 900 km。目前，法国拥有总里程为 1.13×10^4 km 的高速公路。

（四）我国高速公路发展

我国高速公路建设起步较晚，改革开放后开始着力进行建设。沪嘉高速公路是我国第一条高速公路，它连接上海浦桃工业区和嘉定区，1984 年破土，竣工使用时间为 1988 年，全长只有 18 km。虽然我国高速公路建设起步较晚，但是后续的发展十分迅猛，在 1988 年到 1996 年的近十年中，各省份相继在高速公路建设方面开始发展，特别是东部地区，高速公路的发展节奏非常快，这一期间，我国高速公路增加 37 条，总的通车里程达到 3 422 km（不包括台湾当时建成的 477 km），总里程排名上升到世界第七位。我国高速公路的大发展在 1997 年后迎来了春天。由于对高速公路的价值认识逐渐普及，得到了全社会的认同，另外前十多年的高速公路建设极大地促进了经济发展，起到了示范作用，加之在 1997 年爆发的东南亚金融危机背景下，中央政府做出了一系列举措，出台各项措施，以拉动内需、加快基础设施建设、加大对公路建设投入等，加快了我国高速公路建设的步伐，我国连续 3 年在公路建设投入年均都超过 2000 亿元人民币，1997 年竣工高速公路 1 313 km，1998 年建成 3 998 km，1999 年建成 2 267 km。到 1999 年 10 月 1 日，我国高速公路总里程突破 10 000 km，到 1999 年底已达到 11 000 km，跃居世界第三位，成为仅次于美国和加拿大的高速公路建设大国，这三年的建设速度仅次于美国居世界第二位。

1997—2000 年，我国高速公路建设进入"高潮"。这一时期的主要特点是：①发展速度快，可以说是超常发展；②开始形成地区性网络，这些地区性高速路网为全国高速公路网的形成奠定了基础。

在各地进行分散的高速公路项目建设的同时，1989 年交通部提出了"三主一支持（公路主干线、水运主通道、运输主枢纽和管理决策支持系统）"的战略思想，在此指导下，90 年代制定了《国道主干线系统布局规划》。计划用 30 年左右的时间，建成"五纵七横"共 12 条线路，长约 3.5×10^4 km 的国道主干线。建成后连接了全国所有人口在 100 万以上的特大城市、93% 的人口在 50 万以上的大城市和所有城市的 43%，约覆盖 6 亿人口，其中城市总人口覆盖率占 70%。在我国经济发达、人口稠密、城市毗连地带和交通运输紧张地带建立起来的高速公路网络，虽然里程仅占公路网的 2% 左右，但可承担 20% 以上的交通量，并实现公路运输 500 km 当日往返，1 000 km 当日到达。1990 年前后的"五纵七横"规划是在当时的社会经济和交通发展背景下提出的，仅有 12 条路线，覆盖能力有限，随着我国快速发展，这些路线与新阶段全面建设小康社会的需要比已明显不能适应，我国于 2004—2005 年制定了国家高速公路网布局方案。国家高速公路网布局方案可以归纳为"7918"网，采用放射线和纵横网格相结合的形式，总里程约为 8.5×10^4 km。

到 2006 年底，我国全国公路通车总里程达到 3.48×10^6 km，高速公路达 4.54×10^4 km。2007—2008 年，受国际金融危机影响，我国外部需求大幅萎缩，经济运行压力加大，经济发展面临严重挑战，中央政府迅速出台并充实完善应对危机的一系列计划。到 2010 年底，中央政府新增投资 1.8 万亿元，加上地方和社会投资共计 4 万亿元。其中交通方面主要用于加快客运专线、煤运通道、西部铁道、国家高速公路、农村公路、中西部机场等项目建设。2009 年底，我国高速公路建设速度超过预期，总里程达到 65 019 km。根据国家高速公路网规划，从 2005 年起，国家斥资新建高速公路，我国高速公路里程逐步增加，到 2018 年，我国新增公路通车里程 8.6×10^4 km，其中高速公路 6 000 km，新建改建国省干线公路 2×10^4 km，目前我国高速公路总里程已达 1.43×10^4 km。

二、当今国内外高速公路发展特点

（一）国际高速公路网正在逐步形成

进入 21 世纪以来，经济全球化和区域经济合作得到极大的发展。国际间的贸易日益增多和频繁，存在大量的货物往来。因此，除了海上货物运输以外，陆上边境公路运输日益重要。为此，很多国家、共同体或者区域经济合作组织已组织和发动了国际公路网的建设，另外，建立运输主通道，强化干线网络，大力发展高速公路。

运输主通道又称运输走廊，是现代和未来交通运输发展的总趋势。从一般意义上说，运输主通道是一个地域概念，指在某一地域中存在一条宽阔的、顺交通线路（铁路或公路）总流量延伸的地带。它连接主要的交通发生源，可由若干不同的运输方式组成。运输主通道是一个国家交通运输网络体系的主骨架，一般承担大量、快速的客货流任务。公路（一般指高等级公路）是运输主通道的重要组成部分。运输主通道的建设和发展应与国家或地区经济建设及公路运输事业的发展相适应。

从欧美发达国家运输通道的情况来看，美国目前已形成了12条运输主通道，如东部大西洋沿海主通道、密西西比河河谷主通道、中部主通道、太平洋沿海主通道等。这些主通道与美国的经济总体格局布置相适应，成为全国运输的主骨架，把全国重要的城市，如东部的波士顿、纽约、华盛顿，西部的西雅图、旧金山、洛杉矶等连接起来。在运输主通道之间重点强化干线网络，使主通道的作用得到强化，加速了经济发展。强化干线网络的主要内容有：继续完成高速公路网目标的规划和建设，使之成为干线网络骨架；继续提高现有道路等级；在交通繁忙地区加修绕行道、环道等快速干线。

20世纪中期以来，欧洲一些资本主义国家大力发展高速公路，积极兴建和规划国际高速公路。如贯穿欧洲南北的万里高速公路，从罗马开始，呈"V"字形向东北和西北方向延伸，西边一条经里昂、巴黎到英国，东边则经汉堡到斯堪的纳维亚半岛。这条高速公路被称为"通往未来的道路"。另一条称为"传奇式的公路"正在计划中，全部工程费用约为300亿美元。该路从日本东京出发，经佐贺县、壹岐岛、对马海峡、朝鲜海峡，过朝鲜到中国西安，再经河西走廊、敦煌，越天山到喀什，抵印度到巴基斯坦、阿富汗，再经土耳其，过博斯普鲁斯海峡，到欧洲罗马、瑞士、德国、法国，最后到终点伦敦，全长20 000 km。经过佐贺到壹岐岛时，中间将设跨度为2 km的跨海桥，从壹岐岛到对马海峡拟建60 km长的海底隧道，过朝鲜海峡将采用54 km的海底隧道。

（二）向着新理念和新技术发展

高速公路的建设也走过了一条从粗放式到精细化，注重景观、环保、生态的道路。新技术（如智能交通系统，即ITS）、新理念（生态、以人为本）的引入，高速公路建设也更加注重交通安全、生态保持和修复。

1. 开发智能运输系统

从20世纪80年代以来，发达国家开始大规模研究和开发一种崭新的公路交通运输系统。该系统将通信传输、电子控制以及计算机处理等先进技术有效地结合，并运用于整个地面运输管理体系，从而建立起一种在大范围内全方位发挥作用的，实时、准确、高效的公路管理综合系统。它使公路运输达到高度的智能化程度，即车辆靠自身的智能在道路上自由行驶，公路靠自身的智能将交通流调整至最佳状态。借助智能车辆道路系统的信息支持，使驾驶员对道路交通状况了如指掌，能够科学、合理地进行出行选择决策，管理人员则对路网中车辆的运行一清二楚，实现智能化的调度和管理，体现"人、车、路"的密切结合，从而极大地提高交通安全性、舒适性、工作效率以及环境质量和能源的利用率。美国从 1992 年开始研究智能车辆道路系统，进行了 20 余项大规模的实地试验，目前美国从事智能车辆研究的公司达 3 000 家，其规模可与阿波罗登月计划相媲美。

2. 加强能源、环保和安全的研究

为改善道路运输环境，国际上一些研究机构将从改进汽车结构及营运转移到改进道路线形及结构方面来。同时道路的美学设计和环保设计意识的加强会使道路的公害减少，道路的环境得到进一步改善。

道路车辆增加使交通事故剧增，道路阻塞已成为社会公害。据资料统计，美国每年因交通事故而造成的经济损失达 420 亿美元，因此，今后各国都将致力于道路安全方面的研究，把缓解道路交通拥塞、减少交通事故作为道路建设的重点。另一方面，为了解决能源问题，新能源汽车的研制将进入新的阶段，如用太阳能、氢气作为燃料的汽车已研制成功，这些新型车辆的应用既节省了能源，又减少了环境污染。

第三节 高速公路路面结构

一、高速公路路面结构的特点

路面结构是高速公路基础设施的重要组成部分，它承受着过往交通的全部车辆荷载，通过它荷载传递给路基或桥涵等构造物。因此，路面结构是一种承重结构体系。它必须具备承重结构所必备的各项条件，如在各种车辆荷载作用下，路面结构应具有一定的强度和抗变形能力。高速行驶的车辆对路面的作用与静置于路表面的车辆相比有很大区别，车辆的振动将诱发路面结构的动力响应，车辆的多次、反复加载，将使路面结构产生复杂的应力、应变，如疲劳应力破坏、黏弹塑性变形的积累等。高速公路路面结构必须具有抵制这些效应的抗力。

（一）表面功能

高速公路路面结构为车辆提供了高速行驶的表面，车辆运行质量的优劣除了车辆本身的特性之外，完全取决于路面的表面特征。如果路面表面起起伏伏，不够平整，会直接导致行驶的车辆产生颠簸或摇摆；若路表面摩阻力过低，则车辆在启动、制动以及加速上均会产生困难，尤其是对于高速行驶的车辆，甚至会导致重大事故的发生；若路表面存在太大的滚动阻力，那么会限制车辆的速度，从而消耗大量的能量。所以，如果要满足高速行车的各项功能需求，保证高速公路路面表面的各种特性是必要条件。

（二）结构功能

高速公路的路面结构处于长时期的暴露状态，随着气温和湿度的不断变化，路面结构也要经受复杂的考验。特别是在恶劣天气条件下，长时期的低温或者高温、干燥或者湿润，这种气候的反复交替作用以及车辆的反复碾压作用，路面结构在表面功能特性以及各项抗力特性上都会有所衰变。因此，自然环境和车辆长期的反复作用是路面结构必须能经受住的一项考验，应尽可能地减少其衰变以及保持各项性能的长期稳定。

（三）环保功能

人类社会文明以及国民经济发展虽然都受到了高速公路的开发与运行的影响，取得了有利的发展和进步，不过，随着人们对环境问题的不断重视，从某种程度上讲，其对生态环境是有一定损害的。高速公路路面结构从设计、施工、养护乃至运行管理，所有环节都涉及周围环境的保护与生态平衡问题。如不同的路面结构能源消耗不同，砂石材料的获得将关系到山体开挖和河滩、湖泊的开采；工业废料的利用将改变环境和生态平衡，雨水冲刷路面时可能会使有害物质流入农田；汽车在不同路面结构上运行时，路面结构周围会遭到噪声和排入空气中的废气的影响。所以，人类要想实现可持续发展，从这一战略原则出发，应要求路面结构为车辆提供的行车条件能有利于降低污染，保护环境。

综上所述，高速公路路面结构应具备三大功能，即表面功能、结构功能、环保功能，这是高速公路路面结构的主要特点。

二、高速公路路面结构类型和选型分析

沥青混凝土路面和水泥混凝土路面是高速公路路面结构的两种主要类型。高速公路路面的发展以德国最有代表性，自 20 世纪 20 年代德国开始兴建高速公路以来，其主要选用水泥混凝土路面，到第二次世界大战结束时，德国高速公路有 90% 采用水泥混凝土路面。战后 50 年，随着石油工业的发展和沥青路

面修筑技术的不断提高，高速公路多数采用沥青混凝土路面。到 1980 年联邦德国高速公路水泥混凝土路面仅占 30%，而沥青混凝土路面占 70%。

在工程实践中，路面类型的选择应该综合交通量大小、材料供应、环境保护等多方面的因素，并从以下六个方面对两种路面做详细的调查研究，综合分析后进行最后选择。

（一）经济评价

经济评价是路面设计的一项必不可少的内容，也是路面结构类型选择的重要依据。水泥混凝土路面和沥青混凝土路面虽然结构不同，所采用的建筑材料和施工方法也不一样，但是对于一条拟建的高速公路而言，其所发挥的作用和获得的效益是相同的。因此路面结构选型经济评价主要考虑路面结构的寿命周期、总费用现值、建筑与养护费用、所采用的方案对当地经济的影响、当地劳动力资源及当地材料资源的开发利用价值等因素。

（二）技术适应性评价

刚性大、抗疲劳性好是水泥混凝土路面结构最为显著的特点。由于混凝土板的弹性模量远大于板下基层和土基的弹性模量，因此混凝土板板体本身成为主体承重结构。混凝土板板体向下扩散荷载应力的能力强，板下基层与土基承受的应力很小。相比之下，沥青混凝土路面的面层与板下基层的弹性模量差别不大，荷载应力很大一部分由板下基层承担，土基软弱、水淹、冻融引起的土基模量变化对路面结构影响较大。而水泥混凝土路面对土基模量的这种变化却并不敏感。水泥混凝土路面对于超载所引起的反映特别敏感，一旦载重超过极限，则路面板会发生断裂，且难以修复。

相比于水泥混凝土路面，沥青混凝土路面的抗疲劳性能要差很多，所以水泥混凝土路面多用于交通繁重的路面，如高速公路、机场跑道和厂矿道路。

水泥混凝土是由水泥这种水硬性结合料胶结而成的，它可以容纳各种类型的集料，只要能满足一定的标准即可使用。同时水泥混凝土路面所用集料的总消耗也低于沥青混凝土路面的，这是水泥混凝土路面的优点。沥青混凝土面层对集料的要求则更为严格，对强度、耐磨耗性能、粗糙度均有较高的要求。

根据国内外经验，针对高速公路大交通量特点，如表 1-1 所示，列出了水泥混凝土路面和沥青混凝土路面有利或不利的技术因素，可供路面选型、分析技术性能时参考。表中"+""++"表示有利；"-""--"表示不利（不是不能用）；法定轴载为 100 kN。

表 1-1　两类路面有利或不利技术因素综合表

有利或不利程度 ＼ 主要技术参数 ＼ 路面类型	柔性路面			半刚性路面		刚性路面	说明
	未处置粒料	底基层：未处置粒料；基层：沥青结合料处置粒料	全为沥青结合料处置粒料	底基层：未处置砂砾；基层：水硬性结合料处置粒料（二灰碎石）	全为水硬结合料处置粒料	水泥混凝土（大交通常要处置底基层）	
交通（辆/天/方向）：装载超过50 kN的重车数（初期）　＜100	++	－	－－	＋	－	＋	使用水硬性结合料的路面，对厚度设计时没有考虑对超载很敏感；相反，如果超载是预料之中的，只要增加一点厚度便可解决问题；初始交通量小、增长率高（＞10%），对分期修建、使用非处置粒料是有利的因素
100~300	＋	＋	＋	－	＋	－	
300~2 000	－	－	＋	－－	++	－	
＞2 000		－－	++	－－	－	++	
路基承载力　很大（CBR＞20或E_0＞150 MPa）	++	++	＋	＋	＋	＋	高质量的土基对铺筑沥青混凝土路面和刚性路面是有利的；一般不主张在可压缩的土上铺筑刚性路面
一般（6＜CBR＜20或50 MPa＜E_0＜150 MPa）	－	＋	＋	－	＋	＋	
小（CBR＜6或E_0＜50 MPa）	－－	－	－	－－	++	++	
预料到的不均匀沉降	++	＋	－	－	－－	－－	

路面类型 主要技术参数	柔性路面			半刚性路面		刚性路面	说明
	未处置粒料	底基层:未处置粒料;基层:沥青结合料处置粒料	全为沥青结合料处置粒料	底基层:未处置砂砾;基层:水硬性结合料处置粒料(二灰碎石)	全为水硬性结合料处置粒料	水泥混凝土(大交通常要处置底基层)	
气候 气温很高(可能出现车辙)	-	--	--	++	++	++	出现车辙的风险在上坡道加大。分布荷载好的路面对融冻期承载力的损失不敏感;路面由于冰雪消融出现了水,对沥青混凝土路面层性能是有害的
严霜、冰冻	--	-	+	+	+	++	
雨水多	-	+	++	+	+	++	

(三)能耗的比较与分析

能源问题的尖锐性在不同的时期和不同的国家有所不同。20 世纪 70 年代因石油危机而造成的能源短缺,使得许多国家开始重视路面能耗问题。从有关资料看,各国对路面能耗的估算结果不尽相同,法国认为沥青混凝土路面与水泥混凝土路面每平方米面积、每厘米厚能耗分别为 6.82 MJ 和 18.76 MJ;美国认为分别为 13.61 MJ 和 28.18 MJ。日本则认为沥青混凝土路面与水泥混凝土路面每平方米面积的能耗分别为 586 ~ 1 047 MJ 和 921 ~ 1 172 MJ,路面愈厚,能耗愈多。各个国家对是否需要计算沥青、水泥等结合料生产、加工和运输过程中的能耗以及是否需要计及沥青本身所含的能量,意见并不一致。我国对能耗的计算、预估和限制暂时无统一的标准予以遵循。随着我国国民经济和社会文明的进一步发展,从持续发展战略和环境保护出发,我国对路面结构能耗的预估与限制将会予以足够的重视。

(四)使用性能的对比分析

路面的使用性能受路面平整度的影响非常大,驾驶人员的舒适性以及车辆运行的平稳性都直接受此影响。路面平整度不良会导致路面损坏速度加快,同时还会给车辆运行增加费用负担。一般情况下,沥青混凝土路面的平整度易于达到标准，而且路面损坏后平整度易于恢复；而水泥混凝土路面平整度较难保证，特别是有接缝的混凝土路面，车辆通过接缝时有不平顺感，大大降低了行车舒适性。路面结构本身的性质也对行车的舒适性有一定影响，沥青混凝土路面和水泥混凝土路面相比，前者的刚度较低，能够很好地吸收能量和减振，行车舒适性也更强。因此，一般情况下对于以客运高速车辆为主的高速公路，沥青混凝土路面是相对较好的选择。

路面的抗滑能力主要表现在防止车辆滑溜和高速行车时的水膜漂移。沥青混凝土与水泥混凝土路面初建成时，一般都能达到规定的标准，但是在使用中期若要恢复路面的抗滑性能，水泥混凝土路面要困难得多，通常采用重新刻槽的方法，不但费工费时，而且会大幅度增加行车时的噪声污染。

（五）施工技术与质量控制水平对路面结构的影响

两类路面都要求建设单位配置先进的施工设备，达到较高的施工技术水平和质量控制水平，以上所述的两类路面的优点都必须在高质量控制的基础上才能发挥。因此，在路面类型选择时，应充分考虑当地施工队伍的传统经验和技术装备条件，选择质量风险较小的路面类型。

（六）生态平衡与环保效应的比较分析

沥青混凝土路面与水泥混凝土路面在相同的技术标准条件下，汽车行驶时的排气污染情况无大的差别，但是水泥混凝土路面的噪声污染明显高于沥青混凝土路面。因此，高速公路通过人口密集的城区附近、高新技术工业区、旅游度假区等，宜选择沥青混凝土路面。

另外，在施工现场，沥青混凝土拌和基地与水泥混凝土拌和基地相比较，前者排放的废气、废水对周围环境的损害较后者严重，这也是选择路面类型时需要考虑的重要因素之一。

总之，路面类型的选择是一项影响全局并且具有长期效应的决策行动，务必对各项影响因素做详细调查，进行客观分析后通过民主决策做出合理的选择。

三、高速公路路面设计任务与方法

（一）设计任务

高速公路路面设计就是按照国家规范规定的程序与方法，在完成详尽调查、测试的基础上，通过严密的分析、预测、验算、论证，最后提出技术经济合理的路面结构，确保在预定的路面设计使用期内，承受行车荷载及环境因素的交替作用，而保持其基本的使用性能要求，以满足交通运输的需求。路面结构技术经济的合理性应充分体现国家和地区当前和长远发展的实情，包括材料供应、施工条件、资金筹措、建设经验及运行管理经验等。高速公路路面设计内容包括以下方面。

1. 路面结构类型选择

根据高速公路的交通和当地环境，论证选择路面结构类型，即选用水泥混凝土路面或是沥青混凝土路面。

2. 路面结构组合设计

根据使用要求、交通特性、当地环境、路基支承条件、材料供应、施工养护以及资金筹措等情况，通过论证、比选，选择各结构层的种类，确定各结构层的层位。

3. 路面结构设计验算

根据设计规范规定的方法与程序，验算路面结构在交通、环境条件下，承载能力、疲劳耐久性能是否满足规范规定的允许条件指标及达到规范规定的最基本要求，确定路面板以及各结构层的厚度。

4. 路面结构排水设计

根据当地环境条件和路面结构特点，精心布置地面排水和结构内部排水系统，通过分析和验算，论证路面结构排水的通畅程度。

5. 结构层材料组成设计与试验验证

针对每一个结构层所承担的不同功能，精心选择胶结材料、粗细集料，精心设计各层材料的混合料组成。通过试验室对所有原材料和配制的混合料进行系统的性能试验，验证材料设计的正确性，是否满足规范规定的基本要求。对于配筋的水泥混凝土路面，还包括钢筋材料用量计算和各项性能试验验证。

6. 接缝构造及布置

不配筋水泥混凝土路面设有横向伸缩缝、纵缝和工作缝。连续配筋混凝土路面虽不设横向伸缩缝，但是在端部与构造物相连接处，均应精心设计接缝。所以合理布置接缝位置，精心设计接缝构造，使之既能分开又能传力，保证行车平稳，有利于密封、排水，对路面的使用品质与耐久性有重要影响。沥青混凝土路面虽然不设横向伸缩缝，但是在纵向与结构物联结处，在横向与路缘石、硬路肩相连的部位也应精心处理，以利于表面平顺，防止雨水渗入。

（二）设计方法

高速公路路面设计，可以追溯到 20 世纪 20 年代，1929 年霍琴托格拉和太沙基提出将公路土分类系统用于确定路面厚度。美国加利福尼亚公路局于 1929 年提出通过压入试验确定土基承载比 CBR 值，用以确定所需路面厚度。至于水泥混凝土板厚度的设计，最早由欧尔德和哥尔德贝克首先提出以悬臂变截面梁体系的抗弯强度为控制指标设计路面板的厚度。1925 年美国威斯特卡德首先提出了以弹性地基板的抗弯强度为控制指标设计路面厚度的方法。近一个世纪以来，虽然路面设计理论与方法有很大发展，但是到目前为止，各个国家的设计方法都不一样，归结起来，可分为经验法和半经验半解析法两类。在两类设计方法的基础上，最近在路面结构可靠度设计方法和路面典型结构设计方法等方面有所发展。

1. 路面结构设计经验法

通过试验路长期观测或者通过重要工程长期观测积累的数据进行分析处理，建立起车辆荷载、通行次数、地基支承和路面结构厚度之间的数学统计关系式或者关系曲线，用于设计新建或改建公路路面结构的方法称为经验法。世界最著名、最有代表性的沥青路面经验设计法有美国 CBR 法、美国 AASHTO 法、加拿大运输部法等。经验法强调设计方法的实践基础和经验关系式的可靠性。应该认为，在经验法建立的基础数据能覆盖的广大区域范围内，此法具有一定的准确性和可靠性；但是从发展的趋势看，经验法有一定的局限性，当地区差异明显增大，交通特性出入较大时，路面结构设计的准确性与可靠性会受影响。

2. 路面结构设计半经验半解析法

使用此种方法时首先应建立能描述路面结构力学特性的力学模型，用解析数学求解该力学模型的数学方程，由此形成的解析方法体系作为路面结构设计的理论基础，再通过大量试验测试和室内的路面材料力学性能试验，确定不同材料、不同环境下的设计参数和对设计理论的试验修整。由于这种方法以一定的理论体系为基础，所以有一定的普遍性。但是它的半经验特性，在设计方法的指标、参数、修正等方面明显地表现出来，所以也有一定的局限性。例如，我国现行沥青路面设计方法采用半经验半解析法，以弹性层状体系理论为基础，但是设计指标、参数、修正系数等，都只是以已经建成并运行多年的沥青路面试验测试数据为基础，因此，在某种程度上还不可能全面反映高速公路的特性。所以，半经验半解析方法也需要在工程实践中不断调整和不断修正，才能适应发展的需要，成为一种好的设计方法。用于沥青混凝土路面设计的半经验半解析方法很多，我国自 1956 年以来一直致力于研究建立完善的半经验半解析法。此外美国的沥青学会法、壳牌沥青路面设计方法等都是半经验半解析设计方法。

水泥混凝土路面设计方法自一开始便明显地反映出路面的承重结构特性，因此大部分国家的水泥混凝土路面设计方法都采用半经验半解析方法，我国也不例外。半经验半解析法的力学基础理论，虽然已经有许多研究人员致力于开发研究，但是到目前为止，较为成熟、普遍认为可以作为路面结构设计基本理论基础的主要包括三部分：①弹性半空间体；②弹性多层体系；③弹性地基板。

无论是经验法还是半经验半解析法都将路面结构厚度以及用于结构厚度设计的各项参数视为一个定值。实际上一个具体的路面结构设计完成后，在施工过程中，由于施工方法、工艺水平和管理水平不同，建成的路面结构从材料参数到结构层厚度都不可能是定值，而是在一定范围内具有明显的变异性。又由于预估的交通特性也有较大的变异性，因此，该路面结构实际的使用寿命和各项使用性能也不是定值，因此用定值法设计的路面结构具有一定的差异性。

假定在路面结构设计方法中引入统计观念和概率观念，也就是考虑各个设计参数的变异性和概率分布，就可以按预定的可靠概率设计较为现实的路面结构。既考虑交通参数的变异性，又考虑施工中各项因素的差异对结构使用寿命的影响，这样设计完成的路面结构在其设计使用期间内，将具有规定的安全可靠概率而结构破坏的概率将降低至最低限度，这便是可靠设计方法。

美国里曼、达脱等最先提出了柔性路面和刚性路面的可靠度设计方法，并于 1986 年被美国国家高速公路和交通运输协会纳入设计指南。我国于 80 年代末、90 年代初开始研究沥青路面结构可靠度设计法与水泥混凝土路面结构可靠度设计法，已取得系列成果。

3. 路面典型结构设计方法

路面典型结构设计方法即是路面结构标准图设计方法。对于幅员不太大的国家或地区，由于当地的自然环境差异不大，为了简化烦琐的路面结构设计程序，最适宜用典型结构设计方法来完成路面结构设计工作。世界上有许多国家如德国、法国等采用典型结构设计方法。路面典型结构设计方法选择对路面结构承载力影响最大的两项要素，即交通特性和地基支承特性，作为选择当地典型结构的依据。该方法按交通的轻重分成若干类别，按地基支承的强弱或者地基的分类指标分成若干类别，对于每一个特定的交通分类和特定的地基分类提出一组推荐的路面典型结构图，供工程师选用。路面典型结构图在研制过程中，研究人员已经引用了大量成功经验及有价值数据，有的还进行了反复的理论分析与试验验证。可以认为路面典型结构图是经验、试验与理论分析的综合研究成果。

我国公路工作者在第八个五年计划期间，在全国范围内组织开展了半刚性基层沥青混凝土路面典型结构研究，并且取得了丰硕成果。我国幅员辽阔，自然环境变化很大，当然不可能只限于一套路面典型结构图，而应是根据自然区划的特点和各省的具体情况，自下而上总结归纳形成若干套路面典型结构图。路面典型结构图除了直接用于路面结构设计之外，还可以在经验法或半经验半解析法路面结构设计中用于提出初选方案，作为进一步分析研究的基础，以最终得到合理的结构设计。

四、新老路面协同设计方法

新老路面结构在拼接部位变形协同、受力协同、服务寿命协同是新老路面结构协同设计的目标。依据之前的理论分析结果，可提出新老路面结构的协同设计概念、设计原则和设计方法，包括新老路面结构拼接原则和要求、新老路面结构拼接部位的特殊设计、新老路面结构协同设计验证指标和要求等。

（一）协同设计内容

在新老路面结构拼接设计中，以保证新老路面结构协同工作为原则，在充分考虑新路、老路路面结构组合形式、刚度、厚度、不均匀沉降等方面的差异及其对拼接结构变形和受力状态影响的基础上，通过对路面结构、材料，拼接部位进行设计，使这种影响控制在可接受范围。以满足新老路面拼接部位整体性与连续性的要求，在服务期间达到新老路面结构变形协同、受力协同、服务寿命协同的目的。

变形协同要求新老路面结构在车辆荷载作用下总的路面弯沉及各结构层的变形规律尽量接近，受力协同要求新老路面结构在拼接结合部位不会产生过大的应力，由此最终实现新老路面结构服务寿命协同的目的。

新老路面结构协同设计是通过理论计算和分析，结合其他类似工程的设计方法与使用效果而进行的设计。涉及新路路面设计、老路路面调整设计和新老路面结构拼接部位处置设计等方面的内容。

1. 新路路面设计

新建道路路面设计包括新路路面结构组合设计和路面材料设计。新建道路路面设计的设计指标和技术要求遵循我国现行《公路沥青路面设计规范》

（JTG D50—2017）的规定。在沥青路面的组合设计过程中，路面各结构层材料确定和组合设计，应在吸取以往成功建设经验的基础上，选择技术可靠、经济合理的路面结构组合和厚度。

（1）设计要求

①在设计使用年限内，路面使用品质稳定，确保路面的强度、平整度、表面抗滑性、抗车辙性、排水性、干燥性、冰冻稳定性、耐抗水冲刷能力等各项功能指标都稳定在允许范围之内。

②贯彻就地取材、就近取材的原则，减少运距，并考虑环境保护。

③应尽量采用机械化施工，并考虑建成后通车后的养护问题。特别是对于高速公路。要求平常的养护工作量越少越好，以免形成大范围交通不畅。

④在进行路面结构设计时，将土基、垫层、底基层、基层和面层看作一个整体。要求土基稳定、基层坚实、面层耐久，使路面结构层在整体上满足强度和稳定性的要求。

（2）设计方法

①充分考虑老路路面结构形式，参考沥青混凝土路面成功建设经验，确定新建沥青混凝土路面的结构组合形式。

②在既有老路路面各结构层厚度的基础上，选择新建路面结构的设计方法，拟定新建路面各结构层的厚度。

③验证新建道路路面与改建、调整后的老路路面之间的结构差异系数是否满足协同设计要求。

2.老路路面结构设计

老路路面结构设计涉及老路路面结构基层的保留问题。如果原有老路路面基层或者面层被全部挖除，则相应的老路路面结构将按照新建道路的路面进行重建或改建设计。若老路基层保留，老路路面设计包括老路路面结构补强、结构厚度调整方案设计、补强层或调整层材料设计。

老路路面结构是否保留，取决于老路路面结构的剩余承载能力、老路路面结构补强厚度、新老路路面顶面标高差异程度，以及新老路路面结构组合差异、层位差异和材料组成上的协调程度等。

（1）老路路面结构剩余承载能力评价

可从路面结构强度评价指数和路面结构模量衰减程度两个方面对老路路面结构剩余承载能力进行评价。

沥青路面的承载能力指路面达到预定的损害状况之前，能够承受行车荷载的作用次数或还能使用的年数。沥青路面的承载能力通常用弯沉来评价，根据

《公路沥青路面养护技术规范》（JTG 5421—2018），老路路面结构剩余承载能力以路面结构强度评价指数作为评价指标。拓宽改建时，根据道路使用要求，确定允许的老路路面结构强度评价指数，当老路路面结构强度评价指数满足要求时，原则上应保留老路路面结构。但是应对这些路段中存在的病害进行充分处置，力求消除老路病害，以提高加铺改造后既有老路结构的整体稳定性和耐久性。路面结构强度评价指数是以路面结构实测最大弯沉值与设计弯沉值的比作为评价依据的，并认为路面破坏是由于路面结构过大变形所引起的，路面结构的总变形量达到一定程度后路面即出现破坏，然而路面是一种多层结构，各层结构具有不同的力学属性，路面结构的损坏既可能是由于某一层结构或整个结构的过量变形所引起，也可能起因于结构层内部某处的应力或应变量超出了该处材料的疲劳强度或疲劳应变值。同时，大量既有工程实践表明，路面损坏往往不是由于整个结构强度不足造成，而是由于某一层结构强度不足造成的，代表整体强度的弯沉指标显然无法控制某一层次的强度。所以在公路改扩建工程中，单纯采用路面结构强度评价指数作为评价指标，不能准确地判断各个结构层次强度的衰减情况、为旧路结构利用与处置设计提供充分的理论依据。鉴于 FWD 测试技术在对旧路当前结构性能状态评价和反算路面结构各层的动态模量方面的应用，可用于分析老路各个结构层模量的衰减程度。

（2）老路路面结构的重建原则

原则上，为节约工程造价，减小施工期间对交通的干扰，应尽量利用原有路面。在以下情况下，应考虑老路路面结构的重建。

①老路路面结构的剩余承载能力不足。当路面结构强度评价指数在"中"以下，应给予补强，当由于设计厚度的限制而无法进行老路路面结构补强时，应挖除老路路面结构。

②新老路面结构模量差异过大。当老路路面结构模量衰减至对应的新路路面结构模量 50% 以下时，应挖除老路路面结构，进行重建。

③新老路面结构厚度差异过大。由于新老路面结构厚度的差异，存在新老路面结构层错位的情况。此时，即使是在老路路面结构强度满足优良标准的路段，而结构各层厚度不满足原厚度设计要求时，尤其是基层厚度不满足原设计要求时，视同路面结构强度不满足要求，应翻挖重建。具体情况以现场铣刨老路路面结构拼接台阶时，场地验证的结构层厚度为准。

（3）老路路面结构厚度的调整方案

老路路面结构调整设计的目的是在满足老路路面结构承载能力要求的前提下，使新老路面结构在铺筑统一面层结构之前达到高差调平。

①老路路面高差协调。由于老路路面需要调坡罩面，各区段罩面的厚度不一，新老路面的拼接兼顾老路面修补罩面以接顺道路横坡为原则。新拼路面的纵向、横向标高在中面层及以下各层逐步调整到位。面层拼接采用老路就新路的原则。新路铺筑采用设计标高，在接缝处和老路顺接。具体方法：对老路标高全面详细测量，根据测量结果核实原设计高程并做调整。调整原则是新路面与老路面接缝两侧同高，保证路面排水畅顺。对高差在 3 cm 以内的路段暂不调整纵断面设计，但新路面内缘标高与老路面接顺。对高差大于 3 cm 的路段进行修正设计，重新拉坡。若老路面严重不规则变形，新路面标高和横坡无法迁就调顺时，就按设计高程局部修整老路面，新路高程不变。全线路面标高和横坡的最终调整留待老路翻修罩面时一次调坡成型。

②老路铣刨厚度与补强厚度。当保留老路路面基层结构或面层结构时，则涉及老路路面各个结构层的铣刨厚度和保留问题。由于老路超车道和行车道的路面结构强度有着较大的差异，在改建时，对超车道和行车道沥青面层采用不同的改建方案。基本原则：在老路超车道上，至少保证加铺一层新的上面层；在老路行车道上，至少保证加铺两层新面层（上面层和中面层）；当新老路面顶部的设计高差小于中上面层（新路路面，下同）厚度时，老路铣刨至下面层（中面层底），保证加铺两层新面层（中面层和上面层）；当新老路面顶部的设计高差大于中上面层厚度而小于面层总厚度时，老路铣刨至基层（下面层底），保证加铺三层新面层（下面层、中面层和上面层）；当新老路面顶部的设计高差大于面层总厚度时，老路需先加铺一层结构，再加铺三层新面层（下面层、中面层和上面层）。老路铣刨深度根据面层以下需加铺结构层的厚度确定；改建、调整后老路面层结构总厚度不小于老路面层原设计厚度；经过铣刨后，各个沥青层的剩余厚度不小于 3 cm，否则，应该将剩余部分全部铣刨。在施工现场，在铣刨后，还应观察剩余部分的整体性，当剩余厚度大于上述最小厚度但结构层已出现松动和松散现象时，应将剩余部分全部铣刨。

老路路面厚度的调整方案，其实质在于根据既有路基路面结构的性能状况、新老路面结构的高差，采取不同的拼接方式。

3. 拼接部位加强处置设计

新老路面结构在拼接部位通过拼接台阶衔接、接顺，另外使用界面剂、土工材料等进行加强处置。因此，在新老路面结构的拼接部位由拼接台阶、界面黏结剂、土工材料组成，新老路面结构拼接部位组成如图 1-2 所示。

（1）拼接台阶设计

新老路面结构在拼接部位应该以台阶的形式进行衔接。台阶设置的一般要求规定如下。

①台阶厚度。当路面结构厚度在 20 cm 以内时，台阶厚度以路面的每结构层为一级台阶；若路面结构层厚度超过 20 cm，则酌情以 20 cm 左右厚度为一层，设置多级台阶。

②台阶宽度。原则上面层台阶宽度应大于 20 cm、基层台阶宽度在 20 ~ 60 cm。若对拼接尺寸有限制（如开放交通）时，可按实际情况减小台阶宽度，但不得小于 20 cm。

③台阶拼接面位置。面层拼接面位置至少应与基层拼接面位置错开一个台阶宽度以上。

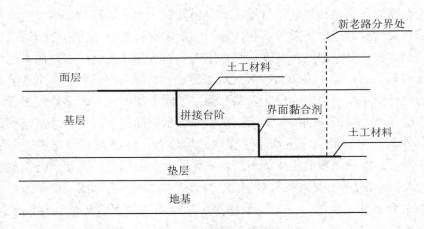

图 1-2　新老路面结构拼接部位组成示意图

（2）拼接部加筋设计

在以下三种情况下，应该在拼接部位设置土工材料，以加强拼接部位的横向连接或者减缓基层拼接面裂缝向上扩展。

①新老路面结构刚度差异较大。如果新老路面结构刚度差异虽满足要求，但偏向于不安全，则应在拼接部位设置土工材料。土工材料的铺设位置为基层结构拼接部位的底部。土工材料的铺设宽度：单侧宽度 100 ~ 200 cm；总宽度 200 ~ 400 cm。

②新老路面高差较大。老路面结构经调整后总厚度较大，可将老路路面铣刨至新路基层底面高，然后使用土工材料进行加筋处置。土工材料铺设位置和尺寸要求同前。

③在新老路面拼接部位面层结构底部使用适宜的土工材料，以延缓基层拼接面裂缝的形成发展。此时，土工材料的铺设位置为面层结构底部与基层拼接面顶部。土工材料的铺设宽度：单侧宽度 50 ~ 100 cm；总宽度 100 ~ 200 cm。

加筋材料应满足以下技术要求。

①用于基层结构拼接部位的底部的土工材料应该具有拉伸模量高、强度高的特征，如高强度土工格栅、土工网等。该类土工材料的抗拉强度应根据基层模量进行选择，并满足以下要求，如表1-2所示。

②用于面层结构底部的土工材料应具备强度高、柔韧性好、延伸率低、无长期蠕变等特性，并且应与沥青及沥青混合料具有良好相容性，在沥青混合料热铺施工的高温条件（170 ℃左右）下具有稳定的物理性能和化学性能。该类土工材料的抗拉强度应根据基层模量进行选择，并满足以下要求，如表1-3所示。

表1-2　基层底处置土工材料抗拉强度要求

基层模量 /MPa	对土工材料在下列拉伸模量时的拉伸强度要求			
	1 000 MPa	5 000 MPa	10 000 MPa	20 000 MPa
3 000	＞10 N	＞40 N	＞70 N	＞110 N
2 000	＞10 N	＞45 N	＞80 N	＞125 N
1 000	＞15 N	＞50 N	＞85 N	＞130 N

表1-3　面层底处置土工材料抗拉强度要求

基层模量 /MPa	对土工材料在下列拉伸模量时的拉伸强度要求		
	1 000 MPa	5 000 MPa	10 000 MPa
3 000	＞5 N	＞20 N	＞30 N
2 000	＞10 N	＞30 N	＞50 N
1 000	＞10 N	＞45 N	＞75 N

（3）界面黏结剂选择设计

选择界面黏结剂（以下简称界面剂）时，应从界面剂的使用性能、耐久性和经济性等多方面进行考虑，满足以下几点要求。

①界面剂应与基层材料有较强的黏结能力，保证在行车荷载及温缩应力作用下不会脱开。应具有一定的抗拉强度，保持自身的完整性。

②界面剂应具有防水密封性，界面剂本身应不溶于水，也不吸收水，并能防止水分渗入。

③界面剂应有一定的变形能力和弹性恢复能力，保证不会在变形条件下被拉断。应具有一定的低温柔韧性，保证不会在冬季气温较低时发生硬化、脆裂。

④界面剂应有良好的耐久性，在路面结构的设计使用年限内保持良好的使用性能，不会过早发生老化。

⑤界面剂应有良好的施工操作性，便于施工。

（4）拼接部位防、排水设计

新老路面结合部位的防、排水处理，可采取以下 3 种方法：①在新老基层结合部刷涂防水黏结剂；②在基层顶部设置稀浆封层；③面层底土工材料与粘层油形成防水层。

（二）新老路面结构协同设计验证

1. 协同验证指标

由于老路面结构与新路面设计结构有所不同，加之因高差调整，使得老路面结构与新路面结构在结构形式、结构厚度、层位对应以及结构材料强度上均存在差异，如图 1-3 所示。图中 E_{n1} 和 H_{01} 分别为新路面结构第 1 层的模量与厚度，E_{ni} 和 H_{0i} 分别为老路面结构第 i 层的模量与厚度。

E_{n1}	H_{n1}	E_{01}	H_{01}
E_{n2}	H_{n2}	E_{02}	H_{02}
……	……	……	……
E_{nm}	H_{nm}	E_{0m}	H_{0m}
E_{nm+1}	H_{nm+1}	E_{0m+1}	H_{0m+1}

图 1-3　新老路面结构组合示意图

在进行新老路面结构协同设计时，采用结构刚度与结构厚度当量换算的方法，将新老路面结构差异转换成相同结构形式的刚度差异，即模量差异。如此，综合考虑新老路面结构各结构层在厚度与刚度（模量）上的差异，统一以新老路面结构差异系数表示。新老路面结构差异系数 a 用式（1-1）计算。根据前述研究成果，新老路面结构面层、基层的模量差异不宜超过 50%。因此，新老路面结构差异系数要求不大于 0.5。

$$a = \left| \frac{E_{n1} \times H_{n1} + E_{n2} \times H_{n2} + \cdots + E_{nm} \times H_{nm}}{E_{01} \times H_{01} + E_{02} \times H_{02} + \cdots + E_{0m} \times H_{0m}} - 1 \right| \quad （1\text{-}1）$$

以沪宁高速公路（上海段）为例，新路路面结构由下至上依次包括：垫层、基层和面层。老路路面结构除了由原老路垫层、基层、面层组成外，还包括调整厚度的加铺层（水泥稳定碎石）以及与新路面层统一铺筑的面层。老路各结构层模量取值以新路各结构层模量为基准，按一定比例进行折减，折减系数 r 取 1、0.75、0.5 和 0.25 四个水平，厚度调整加铺层模量取值同新路基层。新老路面各个结构层的模量取值情况如表 1-4 所示。

表 1-4　新老路面结构层模量取值

MPa

路面类型	面层模量	基层模量	垫层模量
新路	1 200	3 000	300
老路	1 200 r	3 000 r	300 r

根据前述老路结构厚度的调整方案，以 0 cm、12 cm、20 cm、35 cm 高差取 7 种代表工况进行分析，如表 1-5 所示。在各种工况下，新路路面结构统一取 +20 cm 沥青面层、+40 cm 水稳碎石基层、+15 cm 垫层。采用式（1-1）计算不同典型拼接方案、不同折减系数（r 取 1、0.75、0.5 和 0.25）下，新老路面结构差异系数 a。

①当新老路面高差不超过 20 cm 时，随着新老路面高差的增大以及新老路面结构模量差异的增大（r 的减小），结构差异系数 a 呈现增加的趋势。在新老路面模量差异最大时，新老路面结构差异系数出现较大值。

②当新老路面高差在 20 cm 以上时，新老路面结构差异系数仍然随着新老路面高差的增加而增大，但却出现随着新老路面结构模量差异的增大（r 的减小）而减小的趋势。分析原因，当新老路面高差超过 20 cm 时，新老路面对应结构层之间将发生两层或者三层错位的情况。此时，老路上方要加铺水泥稳定碎石层，再加上原有老路结构层，老路的整体路面刚度将大于新路路面的整体刚度。在此种情况下，老路模量衰减程度越大，即 r 越小，则由式（1-1）所计算的新

老路面结构差异系数越小，这显然是不合理的。因此，式（1-1）并不适合于计算新老路面高差过大时的结构差异系数，其适用条件为老路上方不需要加铺新的基层材料，一般为新老路面高差不超过 20 cm。

表 1-5 不同高差时的新老路面结构差异系数 a

新老路面高差 /cm	新老路面结构	新老路面结构差异系数 a			
		r =1	r =0.75	r =0.5	r =0.25
0	12 cm 新面层 +4 cm 老面层 +43 cm 老基层 +15 cm 老垫层	0.028 3	0.204 5	0.437 4	0.670 2
12−	12 cm 新面层 +16 cm 老面层 +43 cm 老基层 +15 cm 老垫层	0.125 3	0.131 8	0.388 9	0.646
12+	20 cm 新面层 +8 cm 老面层 +43 cm 老基层 +15 cm 老垫层	0.125 3	0.115 7	0.356 6	0.597 5
20−	20 cm 新面层 +16 cm 老面层 +43 cm 老基层 +15 cm 老垫层	0.189 9	0.067 2	0.324 2	0.581 3
20+	20 cm 新面层 +15 cm 新水稳 +43 cm 老基层 +15 cm 老垫层	0.363 6	0.138 9	0.085 9	0.310 6
35−	20 cm 新面层 +15 cm 新水稳 +16 cm 老面层 +43 cm 老基层 +15 cm 老垫层	0.492 9	0.235 9	0.021 2	0.278 3
35+	20 cm 新面层 +30 cm 新水稳 +43 cm 老基层 +15 cm 老垫层	0.666 7	0.441 9	0.217 2	0.007

对沪宁高速公路（上海段）老路路面结构模量进行反演，得到老路基层模量范围为 500 ~ 6 200 MPa。根据动态模量与静态模量相关关系的研究结论，认为动态模量约为静态模量的 2.5 倍，按照这个关系对沪宁高速公路（上海段）老路基层的动态模量进行折减，得到老路基层静态模量为 1 400 ~ 2 500 MPa，与新路基层模量 3 000 MPa 相比，老路基层模量折减系数为 0.5 ~ 0.8。如表 1-5 所示，查 "新老路面结构差异系数 a" 中新老路面高差不超过 20 cm 时的数据，得到：当 "r=0.75" 时，新老路面的结构差异系数为 0.067 2 ~ 0.204 5；当 "r=0.5" 时，新老路面的结构差异系数为 0.085 9 ~ 0.437 4。这个分析结果表明，当老路路面结构模量的衰减程度小于 50% 时，能够满足新老路面结构差异系数小于 0.5 的设计要求。

2. 协同设计步骤

①确定新老路面拼接施工的条件，即确定是在开放交通条件下进行新老路面结构的拼接施工，还是在封闭交通条件下进行新老路面结构的拼接施工。

②根据既有老路路面结构的宽度确定拼接的基准线及拼接尺寸。

③根据新老路面高差情况确定老路的调整方案。

④验证新老路面结构刚度差异（路面结构差异系数）是否满足设计要求。

⑤确定新老路面结构拼接的各级台阶的衔接方案与铣刨程序。若是在开放交通条件下进行拼接施工，则存在两阶段的拼接，即存在反向老拼新的情况。

⑥开放交通条件下，由于要为车辆通行留出车道，拼接尺寸也会有限，需要调整各级台阶的尺寸。验证台阶宽度是否满足最小台阶宽度要求。

⑦根据新老路面结构的功能要求，选择适当的拼接部处置措施，并确定相应的材料要求与施工标准。

第二章　高速公路沥青路面

道路作为车辆行驶的载体，其安全、舒适、环保性能非常重要。沥青路面旧料的再生利用不仅能节约大量资源，同时能够保护生态环境，对道路交通的可持续发展有着重要作用，而且具有减少雨天行车水雾、减轻夜间行车眩光、降低路面噪声、提高路面抗滑性能和减轻热岛效应等技术特点和功能。本章主要分为沥青路面的特点与分类、沥青路面的力学特征、沥青路面的性能要求与相关技术三部分。

第一节　沥青路面的特点与分类

一、沥青路面的基本特性与要求

沥青路面是由沥青作为结合料，将矿料修筑的面层、基层、垫层进行黏结，做成的路面结构。沥青路面能够使路面使用质量和耐久性都得到提高，是因为沥青作为结合料，增强了矿料之间的黏结力，使混合料的强度得到了提高。沥青路面与水泥路面相比，有耐磨性强、舒适度高、振动小、噪声低等优势，在近几十年得到了广泛的运用。自20世纪50年代开始，世界各地开始修建沥青路面。我国也在近20年间修建了大量的沥青路面。目前，我国高速路的路面主要是沥青路面。随着经济的发展，交通运输的需求量进一步增加，沥青路面将会发展得更好。沥青路面的使用性能主要体现在以下几个方面。

（一）沥青路面高温性能

沥青混合料的强度和抗变形能力会受到温度变化的影响。沥青的黏滞度会随着温度的升高而降低，削弱矿料之间的黏结力，从而降低路面强度。反之，沥青的黏滞度会随着温度的降低而升高，增强路面强度。沥青路面的强度随温度变化的幅度很大，有时甚至会相差几十倍。

沥青路面在高温情况下出现的剪切变形，一般有两种情况：一种情况是面层变得很薄，或者是面层与基层之间的黏结力变弱，面层会沿着基层顶面滑动；另一种情况是面层变得很厚，或者是面层与基层之间的黏结力变强，导致整个面层内部产生推挤移动。

因此，想要提高沥青路面的高温性能，就必须提高沥青混合料的高温稳定性，可以采用以下几种措施。

①控制混合料中的剩余空隙率，或者是将粗集料的含量提高，从而形成空间骨架结构，增强沥青混合料之间的内摩阻力。

②适当增强沥青材料的稠度，对沥青与矿粉的比例进行调整，控制沥青的用量，加入更多矿粉，对沥青和矿料之间的作用力进行改善。

③将高分子聚合物掺入沥青当中，也能够改善沥青性能。

④从路面结构入手，在设计的时候根据沥青路面的承受特性，对结构层次进行合理安排。

采用动稳定度来表征沥青混合料的热稳性是适宜的。不少国家在沥青混合料设计时采用了该项指标。很多因素都会对沥青的动稳定度造成影响，例如，沥青用量过多会降低动稳定度；试验温度过高会升高动稳定度；试验载荷过大会降低动稳定度。采用改性沥青能够使动稳定度有较明显的提升。而在南方，温度常年偏高，可以采用沥青混合料来提升动稳定度。

（二）沥青路面低温性能

虽然在温度较低的时候沥青路面的强度会增大，但是会降低沥青的变形能力。温度降低，尤其是在温度突然降低的时候，在沥青路面上会产生温度梯度，温度突然降低会导致路面产生收缩势，而下部层次会对其产生拉应力。由于最初的沥青混合料劲度相对不高，所以应拉力也不会太大。但是随着温度的降低，沥青混合料的劲度也会随之升高，收缩势也会逐渐加强，最终应拉力超过路面强度，导致沥青路面的面层出现开裂。

由低温收缩导致的开裂一般可以分为两种：一种是与沥青混合料的体积收缩相关，是直接由温度降低造成的开裂，会由表面开裂逐渐发展成裂缝；另一种是路基或者基层收缩与低温共同造成的开裂，这种开裂是从基层内部开始逐渐反映到沥青面层的。沥青路面的损坏都是随裂缝出现开始的，随着温度的不断下降，裂缝也会进一步发展，然后雨水会由裂缝进入路面结构，使路况进一步恶化。在提高沥青路面低温抗裂性能时，可以采用以下几种措施。

①采用温度敏感度小、稠度低的沥青材料，能够有效提升沥青混合料的低温抗裂性能。

②采用具有较强抗老化能力的沥青，提升沥青材料对低温破坏的应变性能，可以有效增强沥青混合料的低温抗裂性能。

③在路面结构层，使用空隙率较小的并且不透水的密级配沥青混凝土，其具有收缩性小、应力松弛力强的优点，可有效提升沥青混合料的低温抗裂性能。

④对沥青路面的面层进行适当加厚，也可以增强沥青混合料的低温抗裂性能。

⑤选用上柔下刚的组合式基层，不仅能够减少低温开裂，而且兼具排水功能，但是要注意的是要增强层间的黏结性。

⑥采用降低沥青混合料收缩性的同时提升沥青混合料的低温柔性的方法。收缩性降低之后，沥青路面不易产生收缩变形；同时沥青路面具有较好的柔性，在面对低温的时候低温应力松弛能力好，不易积累温度应力，可有效减少沥青路面低温开裂的情况发生。因此，沥青路面低温抗裂性能的两个关键因素是沥青混合料的收缩性和低温应力松弛力。

⑦对结合料的用量和比例进行严格的设计，使用设计合理的半刚性基层材料，可以有效增强沥青混合料的低温抗裂性能。

⑧在基层设置土工合成材料，不但可以有效防止裂缝反映到面层，而且能够减缓裂缝的进一步发展。

（三）沥青路面水稳定性

高速公路、一级公路、二级公路的沥青混凝土应具有良好的水稳定性。对于沥青混凝土的水稳定性指标，除通常采用浸水马歇尔试验和沥青与矿料的黏附性试验，以检验沥青混合料受水损害时的抗剥落性能外，对年最低气温低于 -21.5 ℃的寒冷地区，还应增加沥青混合料冻融劈裂残留强度试验。该试验采用简化的洛特曼试验装置，用两面击实 50 次的马歇尔试件，常温下浸水 20 min，0.09 MPa 浸入，抽真空 15 min 后，在 -18 ℃冰箱中冷冻 16 h，在 60 ℃水浴中放置 24 h 完成一次冻融循环，再在 25 ℃水中浸泡 2 h 后测试劈裂强度比，以此指标作为年最低气温低于 -21.5 ℃的地区沥青混合料水稳定性指标。因此，为了提升沥青路面的水稳定性，可以分别从内在因素和外在因素两个方面进行控制，并采用以下措施。

①在选用碱性矿料的时候，尽量使用与沥青材料黏附性较好的矿料，从而增加矿料与沥青之间的黏附性，防止沥青路面水损坏。

②对沥青混合料的空隙率进行有效控制，也是防止沥青路面水损坏的重要环节。据研究，当沥青混合料的空隙率在 8% 以下时，沥青中水的存在状态是

薄膜水，荷载作用力之下也不会产生动水压力，不容易产生水损坏；当沥青混合料的空隙率大于15%的时候，水就能够在混合料空隙之间自由流动，但是由于沥青混合料一般都是配合改性沥青使用，因此，造成水损坏的可能性也不高；而当沥青混合料的空隙率在8%～15%时，水既不能以薄膜水的状态存在，又不能在混合料空隙中自由流动，在荷载作用力之下会产生较大的动水压力，造成水损坏。

（四）沥青路面疲劳特性

疲劳开裂是沥青路面结构主要破坏形式之一，因此，针对沥青混合料在特定交通与环境状态下疲劳性能的研究非常重要，世界各国的道路工作者都很重视这项工作的研究。世界各国的道路工作者在设计的时候都是以路面的疲劳特性为基础来保障沥青路面的耐久性和使用性的。能够影响沥青混合料疲劳特性的因素有很多，例如，材料性质方面包括组成、种类等；环境因素方面包括温度、湿度等。因此，任何影响劲度的因素（矿料级配、沥青种类和用量、混合料的压实程度和空隙率、试验的温度、加荷速度和应力级等）对混合料的疲劳特性都有影响。沥青混合料的疲劳特性可用多种室内试验方法测定。通常采用的方法是在简支的小梁上做重复加荷弯曲试验，也可采用重复加荷间接拉伸试验（劈裂试验）测定。所以，为了保障沥青路面的实用性和耐久性，增强沥青路面各层混合料的抗疲劳性，防止或减少沥青路面疲劳断裂的发生，可以采用以下措施：①对沥青混合料进行合理设计，提升其劲度模量；②对沥青路面结构下层的混合料的抗疲劳性能进行改善；③对沥青路面的面层厚度进行适当增加，来提升其抗疲劳性。

（五）沥青路面老化特性

路面老化也是沥青路面损坏的形式之一，路面老化的问题不仅是出现在沥青路面的使用过程中，在沥青混合料的拌和、摊铺以及碾压的过程中都会出现。沥青路面的老化通常分为两种，一是施工过程中的老化。二是使用过程中的老化。施工过程老化一般发生在混合料拌和与摊铺的过程中，在拌和过程中老化程度除了受温度影响，还受沥青储存时间、脱水搅拌程度以及光等自然因素的影响；在摊铺过程中老化程度除了受光、氧等自然因素的影响，还与沥青混合料的空隙率、沥青用量等因素有关。当沥青路面出现老化之后，沥青的黏结性会降低，使沥青路面变脆，降低了路面的使用性。因此，沥青路面的抗老化性能直接影响沥青路面的使用寿命和使用质量。为了延缓沥青路面老化的发生，可以采用以下措施。

①在不影响沥青混合料拌和、摊铺、碾压的前提下，尽量将施工温度控制在比较低的温度。

②对已经拌和好的沥青混合料应尽快使用，避免长时间存放，尤其是在温度过高的时期。合理安排混合料的运输距离，避免因运输距离过长，造成拌和好的沥青混合料存放时间过长。

③重交通路段，选择沥青材料的时候一定要慎重，通过热老化试验，根据沥青耐老化指数，选出优质的沥青材料。

④采用密实级沥青混合料，降低混合料的空隙率，通过对混合料的合理设计，减少阳光、雨水对混合料的伤害，减缓沥青氧化和剥落的速度，有效改善沥青路面的抗疲劳性。

⑤可以适当增加沥青的使用量，通过增加集料颗粒表面的沥青膜厚度，来提升混合料的耐久性，但要注意的是不能破坏沥青混合料的热稳定性。

⑥必要的时候可以使用外掺剂，在沥青中添加适量的外掺剂，可以有效提升沥青的耐久性。

（六）沥青路面抗滑性能

道路行车安全一直是社会和人们关注的话题，在分析交通事故的影响因素时，路面的抗滑能力也不容忽视。路面的抗滑能力与交通事故有密切关系，尤其是在雨雪天气路面湿滑，若抗滑能力不足，交通事故发生的频率会大大增加。因此，在道路的设计、施工及日常养护工作中重视路面抗滑能力是保证交通安全的重要手段。

根据道路所在地区的温度气候条件选择合理的沥青标号，一般在寒冷地区选择标号较高的沥青，反之炎热地带选用低标号沥青。并且，需要严格控制沥青用量，沥青用量过大容易出现泛油、夏季沥青膨胀将集料挤开情况，出现这些情况都会降低沥青路面的宏观、微观构造，从而降低沥青路面的抗滑性能。

为保证沥青路面的抗滑性，要注意选择合适的沥青混合料。采用恰当的沥青混合料能在保证路面使用性能的前提下提高抗滑性能，目前采用较多的沥青混合料有改良的密级配沥青混合料、SMA、开级配沥青混合料等。

改良的密级配沥青混合料是抗滑效果较好的沥青混合料，其孔隙率较小（6%~10%），碎石含量较大（55%~77%），能形成较大的宏观构造，铺筑厚度一般不会超过4 cm。SMA即沥青玛琋脂碎石混合料，是一种间断级配沥青混合料，特点是粗集料多、沥青多、矿粉多、细集料少，由其特点决定了它能形成良好的路面构造深度，并且粗集料的相互嵌挤作用也使其具备良好的强度，能在获得良好抗滑性能的同时提高路面的使用寿命。升级配沥青混合料能形成良好的宏观构造深度，孔隙率大（大于 10%）。由于孔隙率较大，能够形成相互联通的排水通道，路面排水效率高。

表 2-1　沥青路面抗滑性能标准

公路等级	横向力系数	构造深度 /mm	摆值 F_B
高速、一级公路	≥ 54	≥ 0.55	≥ 45

为保证沥青路面的粗糙度不致很快降低，提升沥青路面的抗滑性能，应采取以下措施：①选择硬质有棱角的石料；②严格控制沥青的用量，不能超过最佳用量的 0.5%，否则会明显降低沥青路面的抗滑指数；③采用新的沥青路面结构形式。

目前，国内外都在积极开展对沥青路面抗滑表层项目的研究，并已经提出了多种形式的抗滑表层结构，以及控制指标。

（七）沥青路面平整度

沥青路面在使用过程中，受车辆和自然因素的影响，使用性能会逐渐发生变化，导致路面结构受到损坏，最终不能满足使用要求。因此，在沥青路面的使用过程中，必须对其采取应有的养护、补强、改建等措施，以此来恢复或者提高路面的使用性能。为了能够及时地采取各种养护和改建措施，需要对路面使用性能的变化情况进行了解和掌握。

路面的平整度会直接影响车辆的安全、舒适度、运输效益等使用性能。沥青路面的平整度降低，车辆在行驶过程中会发生振动，会加快车辆的磨损速度、增加车辆的燃油消耗、影响行车舒适度等，同时也会造成路面损坏，甚至影响交通安全。因此，路面平整度是路面性能的重要指标之一。想要使沥青路面具有良好的平整度，不仅需要优良的施工设备、精良的施工工艺以及对施工质量的严格把控，还需要对路面进行及时的养护。同时，整个路面的结构层强度和抗变形能力也直接影响沥青路面的平整度。结构层强度和抗变形能力差的路面，在车轮荷载的作用下，很容易出现车辙、塌陷等现象，破坏路面的平整度。

（八）沥青路面防渗能力

沥青路面的防渗能力主要与混合料的孔隙率相关，当其防渗能力较低时，不但沥青与集料之间的黏附性会受到影响，基层强度甚至土基强度都会受到影响。因此，沥青路面的防渗能力非常重要，尤其是在多雨的地区。沥青混合料的孔隙率决定了沥青路面的防渗能力，孔隙率越大，防渗能力越差。为了防止水分渗入沥青路面结构的内部，在设计路面结构的时候，应至少在沥青面层铺一层密级配沥青混凝土，同时也可以根据需要做封层结构。

二、沥青路面分类

（一）按混合料的技术特性分类

1. 沥青贯入式路面

沥青贯入式路面指的是在初步压实的碎石或者砾石表面贯入沥青，并压实作为面层。这种路面的厚度通常是 4 ~ 8 cm。有时也会在沥青贯入式路面上层加铺拌和的沥青混合料，这种路面被称作上拌下贯式，这时拌和层的厚度控制在 3 ~ 4 cm 为最佳，总的路面厚度控制在 7 ~ 10 cm 为最佳。通常二级及二级以下公路会采用沥青贯入式路面，它也可以应用于高等公路路面的下层面。

2. 沥青碎石路面

沥青碎石路面指的是公路面层路面是沥青碎石，这种路面在施工之前应结合实践经验以及实验结果来设计沥青碎石的配合比，并且进行试拌和试铺，确定设计是否合理。三、四级公路的沥青面层一般采用这种路面，也可应用于二级公路的养护面罩以及各级公路的调平层。

3. 沥青混凝土路面

沥青混凝土路面指的是用沥青混凝土作为面层的路面。这种路面可以是单层，也可以是双层或者与沥青混合料组合而成的。在设计各层混合料组成时，要根据层位、气候、交通量等因素确定，需要满足使用要求。沥青混凝土路面常用于高等级公路的面层。

4. 沥青玛琋脂碎石路面

沥青玛琋脂碎石路面指的是路面的面层或者防滑层的施工材料用的是沥青玛琋脂碎石混合料。这种材料耐磨性、抗滑性都比较好，而且孔隙率小有助于提升路面的抗疲劳性，同时高温抗车辙，低温抗开裂，是非常优质的一种高级材料，多用于一级公路、高速公路或者重要公路的表面层。

5. 开级配抗滑表层

开级配抗滑表层指的是由沥青混合料铺筑的路面，其有较强的结构排水能力，能够迅速排走路表雨水，同时具有抗滑、抗车辙、降噪的优良特性，多用于多雨地区的沥青路面表层。

（二）按施工工艺分类

1. 层铺法

层铺法指用分层洒布沥青、分层铺撒矿料并碾压的方法修筑沥青路面。层铺法具有工艺简单、功效较高、施工快、造价低的优点，但是其路面的成型期较长，需要经历炎热季节，行车碾压之后方能成型。

2. 路拌法

路拌法指在道路修筑现场用机械将矿料和沥青材料就地拌和、摊铺和碾压密实修筑沥青面层的方法。路拌法多是就地拌和沥青材料，其优点就是可以缩短路面成型期。但是由于使用的矿料是冷料，需要配合黏结度低的沥青料，所以其混合料强度比较低。

3. 厂拌法

厂拌法指将规定级配的矿料和沥青材料在拌和站用专用设备加热拌和，然后送到工地摊铺、碾压修筑沥青路面的方法。厂拌法成型的路面也分很多种，按照混合料级配类型可以分为沥青碎石和沥青混凝土两种；按照混合料铺筑温度的不同，可以分成热拌热铺和热拌冷铺两种类型。厂拌法是精选矿料，并且使用较为黏稠的沥青，所以混合料质量比较好，但是成本较高。

（三）按强度构成原理分类

1. 密实类

密实类沥青路面要求矿料的级配按最大密实原则设计，颗粒尺寸多样，混合料的黏聚力和内摩阻力决定了密实类路面的强度和稳定性。这类沥青路面按照孔隙率可以分为开式和闭式两种，开式混合料，孔隙率大于 6%，其热稳定性较好；闭式混合料，孔隙率小于 6%，致密性和耐久性比较好，但是热稳定性较差。

2. 嵌挤类

嵌挤类沥青路面要求采用颗粒尺寸较为均一的矿料，骨料颗粒之间相互嵌挤所产生的内摩阻力决定了路面的强度和稳定性。嵌挤类沥青路面的热稳定性比较好，但是由于颗粒尺寸大，孔隙率较大，所以防渗能力差。

三、对沥青路面各结构层的要求

（一）对路基的要求

路基应稳定、密实和均匀，具有足够的承载能力。多雨地区土质路堑和强风化岩石路段，应加强填挖交界处及路堑段的排水设计，改善路基水文状况。岩石或填石路基顶面应设置整平层，厚度宜为 200 ~ 300 mm。新建公路路基应处于干燥或中湿状态，并应采取措施防止地表水或地下水的侵入。

（二）对基层和底基层的要求

基层和底基层应具有足够的承载能力、抗疲劳开裂性能、耐久性和水稳定性。沥青结合料类和粒料类基层尚应具有足够的抗永久变形能力。

再生沥青混合料和再生无机结合料稳定材料可用于各交通荷载等级的基层和底基层，厂拌热再生沥青混合料宜用于极重、特重和重交通荷载等级的基层。无机结合料稳定层与沥青结合料类材料层间可设置级配碎石、半开级配或开级配沥青碎石层。不同材料基层和底基层厚度宜符合规定，如表 2-2 所示。

表 2-2　基层和底基层厚度

材料类型集	公称最大粒径 /mm	厚度 /mm，不小于
密级配沥青碎石 半开级配沥青碎石 开级配沥青碎石	19.0	50
	26.5	80
	31.5	100
	37.5	120
沥青贯入碎石	–	40
贫混凝土	31.5	120
无机结合料稳定类	19.0、26.5、31.5、37.5	150
	53.0	180
级配碎石、级配砾石 未筛分碎石、天然沙砾	26.5、31.5、37.5	100
	53.0	120

续表

材料类型集	公称最大粒径 /mm	厚度 /mm，不小于
填隙碎石	37.5	75
	53.0	100
	63.0	120

（三）对面层的要求

面层应具有平整、抗车辙、抗疲劳开裂、抗低温开裂和抗水损坏等性能，表面层尚应具有抗滑和耐磨损性能，密级配沥青混合料表面层应具有低透水性能。面层材料的适用交通荷载等级和层位，如表 2-3 所示。

表 2-3　面层材料的适用交通荷载等级和层位

材料类型	适用交通荷载等级和层位
连续级配沥青混合料	各交通荷载等级的表面层、中面层和下面层
沥青玛瑞脂碎石混合料	极重、特重和重交通荷载等级的表面层，对抗滑有特殊要求的表面层
厂拌再生沥青混合料	各交通荷载等级的表面层、中面层和下面层
上拌下贯沥青碎石	中等、轻交通荷载等级的面层
沥青表面处置	中等、轻交通荷载等级的表面层

对抗滑、排水或降噪有特殊要求的表面层可采用开级配沥青混合料，表面层下应设置防水层，防水层可采用改性乳化沥青或改性沥青等。不同粒径沥青混合料的层厚应符合的规定，如表 2-4 所示。连续级配沥青混合料和沥青玛瑞脂碎石混合料的层厚不宜小于集料公称最大粒径的 2.5 倍。开级配沥青混合料的层厚不宜小于集料公称最大粒径的 2.0 倍。

表 2-4　不同粒径沥青混合料的层厚

沥青混合料类型	以下集料公称最大粒径沥青混合料的层厚 /mm，不小于					
	4.75	9.5	13.2	16.0	19.0	26.5
连续级配沥青混合料	1.5	25	35	40	50	70
沥青玛瑞脂碎石	—	30	40	50	60	—
开级配沥青混合料	—	20	25	30	—	—

沥青贯入碎石层的厚度宜为 40 ~ 80 mm，乳化沥青贯入式路面的厚度不宜超过 50 mm，上拌下贯式路面的拌合层厚度不宜小于 25 mm。沥青表面处置可分为单层、双层和三层。单层表面处置厚度宜为 10 ~ 15 mm，双层表面处置厚度宜为 15 ~ 25 mm，三层表面处置厚度宜为 25 ~ 30 mm。

（四）对功能层的要求

季节性冻土地区路面厚度不满足防冻要求时，应增设防冻层。防冻层宜采用粗砂、砂砾和碎石等粒料类材料。地下水水位高、排水不良的路段，有裂隙水、泉眼等水文条件不良岩石挖方路段，基层和底基层为非粒料类材料时，可在基层或底基层与路床间设置粒料层。粒料层应与路基边缘或与边沟下渗沟相连接，厚度不宜小于 150 mm。

冷再生类材料结构层与沥青结合料类结构层之间宜设置封层，封层可采用单层沥青表面处置或稀浆封层等。当设置改性沥青应力吸收层时，可不再设封层。

极重、特重和重交通荷载等级路面的粘层宜采用改性乳化沥青、道路石油沥青或改性沥青；中等和轻交通荷载等级路面的粘层可选用乳化沥青；水泥混凝土板与沥青面层间的粘层宜采用改性沥青。

单层表面处置封层的结合料可采用改性沥青、道路石油沥青或乳化沥青。改性沥青应力吸收层宜采用橡胶沥青。

粒料类基层和无机结合料稳定类基层顶面宜设置透层，透层沥青应具有良好的渗透性，可采用稀释沥青和乳化沥青等。

第二节　沥青路面的力学特征

一、沥青路面的结构类型及其强度特性

（一）结构类型

1.悬浮密实结构

悬浮密实结构的密实混合料是由连续级配矿料组成的，集料颗粒的尺寸由大到小，并且细集料含量较多，只有少量粗集料，粗集料相互之间接触不到，不会形成骨架，多悬浮在较小的颗粒之中。密实混合料的内摩阻力较小，黏结

力较强，并且会受到沥青材料的性质和物理状态的影响，故其稳定性较差。

2. 骨架空隙结构

骨架空隙结构主要采用的是连续开级配矿质混合料，所含的粗集料比较多，能够形成骨架，只有少量细集料，不能将空隙全部填满，导致其残余孔隙比较大，从而形成了"骨架空隙"的结构。骨架空隙结构的沥青混合料内摩阻力较高，黏结力较低，受沥青材料性质和物理状态的影响比较小，故其稳定性较好。

3. 骨架密实结构

骨架密实结构指的是混合料中不但有粗集料形成的骨架结构，同时又有足够的细集料填满骨架的空隙。这种结构的沥青混合料，不但内摩阻力较高，而且其黏结力也比较高，从而其高温稳定性、水稳定性、抗疲劳性以及低温抗裂性都比较好，可以说是最理想的一种结构类型。

（二）强度特征

为了保证沥青路面具有必要的强度和稳定性，应考虑在各种不利条件影响下的情况，主要有以下几种：①夏季高温时不致因强度过分降低，出现拥包、推移等病害；②冬季时不致因材料过于脆硬，出现低温裂缝；③在车辆的重复作用下，有足够的抗疲劳损坏能力；④潮湿季节和地区不致因水的影响出现松散、裂缝及沥青从石子上剥落；⑤沥青路面性质不随时间而迅速变化，以致影响到路面的使用寿命。

二、沥青路面的强度理论

（一）强度构成

沥青混合料属于分散体系，它是一种材料的混合体，主要组成部分是高强度的矿质粒料和具有较弱黏结力的沥青结合料。只研究沥青混合料在高温状态下的失稳破坏机理是远远不够的，如今更倾向于高温时沥青混合料强度和稳定性方面的研究，并且在此研究中一般都会采用库仑的内摩擦理论进行相关分析。

根据库仑定律，外力作用下材料不发生剪切滑动应具备下列条件。

$$\tau \leqslant C + \sigma \tan \varphi \qquad (2\text{-}1)$$

式中：τ——外荷作用时，在某一面上产生的剪应力；

C——材料的黏聚力；

σ——外荷产生的正应力；

φ——材料的内摩阻角。

$$\tau = \frac{1}{2}(\sigma_1 - \sigma_3)\cos\varphi \tag{2-2}$$

或：

$$\sigma = \frac{1}{2}(\sigma_1 + \sigma_3) - \frac{1}{2}(\sigma_1 - \sigma_3)\sin\varphi \tag{2-3}$$

经整理得：

$$\frac{1}{2\cos\varphi}[(\sigma_1 + \sigma_3) - (\sigma_1 - \sigma_3)\sin\varphi] \leqslant C \tag{2-4}$$

或：

$$\frac{\tau_{\max}}{2\cos\varphi} - (\sigma_1 - \tau_{\max})\tan\varphi \leqslant C \tag{2-5}$$

以上式子属于判别式，主要用于判别沥青路面材料的强度与稳定性。

当为无侧限抗压时，相当于 $\sigma_3 = 0$ 及 $\sigma_1 = R$，可得：

$$R = \sigma_1 = \frac{2\cos\varphi}{1 - \sin\varphi} = 2C\tan(\frac{\pi}{4} + \frac{\varphi}{2}) \tag{2-6}$$

当为抗压时，可得：

$$r = \sigma_3 = \frac{2\cos\phi}{1 - \sin\phi} = \frac{2C}{\tan(\frac{\pi}{4} + \frac{\phi}{2})} \tag{2-7}$$

联立式（2-6）和式（2-7）得：

$$C = \frac{1}{2}\sqrt{Rr} \tag{2-8}$$

$$\tan\varphi = \frac{Rr}{2\sqrt{Rr}} \qquad\qquad (2\text{-}9)$$

或：

$$\sin\varphi = \frac{R-r}{R+r} \qquad\qquad (2\text{-}10)$$

这种强度理论在实用上是有局限性的，一般而言，在沥青混合料温度较高且需要对高温稳定性做出评价时，该理论是比较适用的。

（二）影响沥青混合料强度的因素

沥青用量会对沥青混合料的强度产生极大的影响。对于沥青而言，在用量较小的情况下，它往往难以形成薄膜黏结矿料颗粒。通常情况下，沥青混合料的平均沥青膜厚度为 5 ~ 15 μm，曾有人建议，要想使路面始终拥有良好的使用性能，连续级配混合料的最薄沥青膜厚度应为 6 μm，标准的沥青膜厚度应为：密级配沥青混合料 > 5 μm；热压式沥青混合料 > 5 μm；排水式沥青混合料 > 12 μm。

按照赫维门的假设，把集料视为球形颗粒，当集料相对密度为 2.65 时，可计算出如表 2-5 所示的典型集料的表面积系数。

表 2-5　典型集料的表面积系数

筛孔尺寸 /mm	表面积系数 / （m²/kg）
0.075	0.327 7
0.150	0.122 9
0.300	0.061 4
0.600	0.028 7
1.180	0.016 4
2.360	0.008 2
> 4.750	0.004 1

沥青膜厚度的计算公式如下：

$$T = \frac{b}{100-b} \times \frac{1}{SG_b} \times \frac{1}{SAF} \qquad\qquad (2\text{-}11)$$

式中：T——沥青膜厚度，单位为 mm；

SG_b——沥青的相对密度；

SAF——矿料的表面积系数；

b——沥青含量。

除此之外，温度和变形速度也会影响到沥青混合料的黏结力，具体来讲，就是沥青混合料的黏结力会随着温度的升高和沥青的黏滞度降低而逐渐降低。

相关研究表明，沥青混合料的黏结力与荷载作用的持续时间或变形速度之间有如下关系。

$$\lg \frac{C_1}{C_2} = K \lg \frac{V_1}{V_2} \qquad (2\text{-}12)$$

$$\lg \frac{C_1}{C_2} = K \lg \frac{t_1}{t_2} \qquad (2\text{-}13)$$

式中：C_1、C_2——荷载作用延续时间为 t_1 和 t_2 或变形速度为 V_1 和 V_2 时沥青混合料的黏结力；

K——沥青混合料的塑性系数。

由上式可知，沥青混合料的黏结力随着变形速度的增大而增大。混合料的塑性系数 K 越小，则变形速度对黏结力的影响越小，而塑性系数 K 随着沥青混合料温度的降低而减小。所以，一般而言，沥青混合料的强度都是指特定条件下的强度。这里所指的条件除了试验温度和加载速率（或频率）外，还包括试验方法、试件尺寸、计算模式等。不同条件下测定的强度不一样，所以强度是一项条件性指标。

三、沥青路面的强度

（一）重沥青混合料的破坏特点

管原照雄提出的破坏模型如图 2-1 所示。根据使用条件的不同，它所表现出的破坏模式也会有所不同，具体来讲，可以分为以下三种：Ⅰ型破坏（脆性区的破坏）、Ⅱ型破坏（过渡区的破坏）、Ⅲ型破坏（流动区的破坏）。

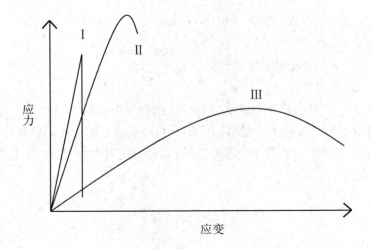

图 2-1　应力应变曲线的三种破坏形状

同管原照雄的分类方法相同，亨科根据物体固有的松弛速度和外力在物体内部产生应变能的比例，将物体的破坏分为离断、塑性屈服和蠕变三种类型。

破坏应力－温度曲线具有峰值，如图 2-2（a）所示。

破坏应变－温度曲线呈 S 形，并且变化较为缓和，在低温和高温两个区域存在临界应变的"下限"和"上限"，如图 2-2（b）所示。

破坏劲度随温度增加而降低，呈向右下方弯曲状，如图 2-2（c）所示。但是在以破坏应力－温度曲线上峰值处由温度划分的低温及高温区内，破坏劲度－温度曲线的斜率明显不同。可以认为，在较缓区域内破坏劲度接近层状结构理论分析中作为行驶车辆"响应"材料的"弹性模量"。

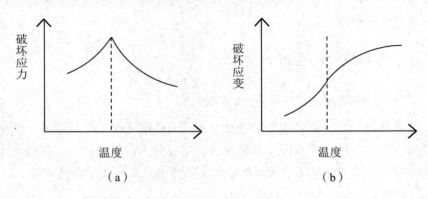

（a）　　　　　　　　　（b）

图 2-2　等速加载破坏试验的试验曲线

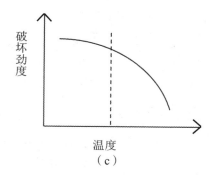

温度

（c）

图 2-2　等速加载破坏试验的试验曲线（续）

管原照雄等从等速加载的破坏试验的结果出发，提出了沥青混合料的脆化点的概念。由于沥青混合料的流变学性质，即温度与速度的换算法则、加载速度不同，由脆性破坏转变为柔性破坏的温度域也是不同的。

根据相关研究，可以分析出沥青混合料在不同温度及荷载速率的破坏特性，具体如下。

①由不同温度时试验得到的 σ-ε 曲线会对由直线关系转变为曲线关系的转变温度起到决定性作用。

②由 σ_B-T、ε_B-T、S_B-T 曲线决定 T_B。固定一个加载速率在不同温度 T 下试验可得到一系列的破坏应力 σ_B、破坏应变 ε_B、破坏劲度 S_B，将其绘在一张图上。由此图可看出以下几个特点。

随温度的变化，σ_B-T 曲线呈山峰状，在脆化点温度 T_B 处，σ_B 出现峰值。

ε_B-T 曲线呈 S 形，在 T_B 处曲线出现拐点；$T > T_B$ 时，ε_B 急剧增大并逐渐收敛接近上限；$T < T_B$ 时，曲线下降并趋平缓，向一下限值收敛。

S_B-T 曲线呈倾斜的肩膀状，T_B 处于曲线的肩坡处；$T > T_B$ 时曲线急剧下降；$T < T_B$ 时曲线向一水平线收敛。

（二）强度

根据上述内容，可以主要从剪切强度、断裂强度和临界应变三个方面对沥青路面的强度进行相关分析。由此可以发现，由于高等级公路对沥青面层材料的高标准要求，对剪切强度验算的重视程度有所下降，同时对于临界应变而言，它会随着温度和加荷时效而发生有规律的变化。

此外，根据相关的实践研究，可以发现一般情况下，总会存在一个临界应变典型的数值与不同的破坏现象相对应，如表 2-6 所示。在评价路面结构以及分析开裂现象方面，临界应变的这一特点具有十分重要的意义。

表 2-6 临界应变水平

工作区域	临界应变	破坏形式	备注
延性区域	10^{-1} 10^{-2}	具有延伸（展性）的区域（搓揉作用）伴随流动的破坏区域	具有动的交通荷载
过渡区域	$(4 \sim 6) \times 10^{-3}$	—	脆化点
脆性区域	10^{-4} 10^{-5} $< 10^{-5}$	脆性破坏区域 疲劳破坏区域 无疲劳破坏发生的区域	具有动的交通荷载

第三节 沥青路面的性能要求与相关技术

一、高速公路沥青混凝土路面的性能要求

相比于水泥混凝土路面，沥青混凝土路面具有刚性较低的特点，因此这类路面往往有着较好的平整性、行车舒适性，以及足够的强度和耐久性。根据上述特点，我们可以知道在超重车比例较小的高速公路上，此类路面非常适用。

在此类路面建设的初期投资略低，且其优良的使用性能很容易恢复；施工进度快，且完工后即可投入使用；对于局部损坏，易于维护、修补；使用期满的沥青面层，通过回收、再生可以重新铺筑新路面，减少废料污染环境。由于沥青混凝土路面具有众多的优点，所以在高速公路建设中，其应用愈发广泛。

在进行高速公路路面的铺筑时，使用沥青混凝土和使用水泥混凝土一样，都应对其结构功能、使用功能和环保功能提出更高的要求，具体来讲，主要包括以下几个方面：高温抗车辙性能、低温抗裂性能、水稳定性能、耐疲劳性能、良好的平整度和行车舒适性能、良好的抗滑性能和行车安全。

这些性能要求对高速公路沥青混凝土路面都是十分重要的，只要精心设计和施工也是完全能够达到的。因此，路面结构设计既要周密筹划兼顾多方面的需求，又要因地制宜，抓住主要矛盾，细致深入探索各项因素对各项性能的影响，研究各项性能之间的相互制约关系，通过理论分析、试验探索、工程验证，以尽量满足各项性能要求，提出相对较为完善的结构设计方案。

二、高速公路沥青混凝土路面的新技术

近来沥青混凝土路面修筑技术取得了许多新的、突破性的进展，特别是许多新技术的应用明显地提高了高速公路的使用性能，延长了它的使用年限，现列举如下。

（一）半刚性基层沥青路面

近来与传统的柔性基层沥青路面不同，半刚性基层沥青路面采用水泥、石灰或者活性工业废渣稳定处理的集料混合料作为基层。由于半刚性基层沥青路面经过适当龄期的养护后，能达到相当的强度和刚度，大大地提高了路面结构的整体刚度。半刚性基层沥青路面由于采用了半刚性基层或底基层，它们的弹性模量远大于沥青面层的弹性模量，因此，基层担负了承重结构层的重任，而沥青面层承担的弯拉应力则明显减少，大大提高了沥青面层的抗疲劳性能。

1987 年在布鲁塞尔召开的第十八届世界道路会议对这种半刚性沥青路面给予高度评价，并组织了专题研讨会。

我国早在 20 世纪 60 年代便开始研究石灰、工业废料修筑道路基层，1986年第七个五年计划中将高等级公路半刚性基层沥青路面列入国家科技重点攻关项目。

自 1988 年以来，我国修建的铺装沥青路面的高速公路，几乎 100% 采用了半刚性基层。半刚性基层沥青路面最大的优点是整体刚度大，承重结构层层位下移，提高了沥青面层的抗疲劳性能，所以我国高速公路沥青路面的面层厚度一般偏薄。在工程实践中半刚性基层沥青路面也暴露出一些不足，主要是基层收缩裂缝向上反射，导致沥青面层产生横向裂缝，以及基层与面层的层间排水不畅等，这些问题有待于进一步研究解决。

（二）沥青混凝土抗滑表层

沥青混凝土路面使用性能优劣，集中体现在表层 3 ~ 4 cm 厚的范围内混合料的各项性能。为了提高和改善抗滑性、高温稳定性、低温抗裂性、平整度、防水排水性等多项性能，我国对表层沥青混合料进行了专题研究，在我国交通行业标准《公路沥青路面施工技术规范》（ JTGF 40—2004 ）及国家标准《沥青路面施工及验收规范》（ GB 5009 2—1996 ）中推荐使用 AK-13A、AK-13B及 AK-16 型抗滑表层。

经过各项高速公路工程实践，如哈尔滨建筑大学与吉林省高等级公路建设指挥部在长春—四平高速公路建设中，提出了适用于寒冷地区沥青表层的 AC-

13V 型级配等。通过工程实践逐步积累的适应于我国各地区特点的沥青路面抗滑表层结构愈来愈成熟，成为综合各种路面使用性能、协调各项性能矛盾的沥青路面抗滑表层结构。

（三）采用改性沥青，全面提高路用性能

沥青路面最主要的不足之处就是，随着大气温度的变化，沥青混合料的各项力学性能及道路使用性能随之发生变化。采用改性沥青就是人为地添加一定量的改性物质，以改变它的温度敏感性，从而使沥青混合料具有优良的路用性质。

改性沥青的研究已有多年的历史，我国自 20 世纪 80 年代开始开展了大量研究工作。从世界范围看，改性沥青在工程建设中大量应用起始于 80 年代中期。根据欧洲 1991 年统计，欧洲 12 国全年消耗改性沥青 52.5 万吨，占全年沥青总用量的 5.7%。日本 1997 年统计，全年使用改性沥青 27.4 万吨，占全年沥青用量的 7%。

改性沥青品种很多，以改性工艺来分可分为掺加改性剂、掺加填料、掺加天然沥青、氧化沥青等。而目前大部分国家采用掺加改性剂的方法生产改性沥青。改性剂品种很多，其中使用较为普遍的沥青改性剂有以下三类。

①热塑性橡胶类：即热塑性弹性体，如 SBS、SIS、SE/BS 等。

②橡胶类：如天然橡胶、丁苯橡胶、氯丁橡胶等。

③树脂类：即热塑性树脂，如 EVA、PE、APP、PVC 等。

使用改性沥青必须针对公路所处地区的自然环境和交通特点，提出明确的改性目的与要求，经精心设计和详细试验验证后方可大量使用。

（四）SMA（沥青玛琦脂碎石混合料）

SMA 的基本组成包括两部分，分别是碎石骨架和沥青玛琦脂结合料，SMA 中的碎石骨架提高了混合料的强度和抗变形能力，减少了温度下降时混合料的收缩变形，因此 SMA 具有优良的抗压强度、耐高温稳定性和抵抗收缩变形的能力；而碎石骨架之间所填充的足够数量的沥青玛琦脂，则充分发挥了它在骨架中的胶结作用和密闭防水渗透作用，因此 SMA 具有多项优良使用性能。

SMA 自 20 世纪 60 年代开始首先在联邦德国使用，90 年代初美国引进SMA 技术，并结合美国本国条件进行了改进，同时在全国范围逐步推广应用。我国自 90 年代初开始研究 SMA 在我国的应用，1992 年在首都国际机场扩建时，

首次采用 SMA 完成了机场东跑道的沥青罩面工程。之后又在许多省份、若干条主要高速公路工程中试用。通过工程实践和全国各地实践经验的积累，SMA 作为一项新技术将在我国高速公路沥青路面工程建设中逐步推广，发挥更大的优势。

（五）多孔沥青混凝土混合料

为了及时排除沥青路面在降雨时的积水，德国、日本等国家都在研究开发多孔排水沥青混凝土混合料。这种开级配混合料的孔隙率高达 20%，所以能及时将雨水渗入路面结构，再从侧向排出路基，以提高雨季行车的安全度，防止水漂发生。

多孔沥青混凝土混合料还具有另外一个特点，即多孔结构可以吸收车辆行驶时发出的撞击路面的噪声，这一点对于通过城镇的高速公路尤为重要。

多孔沥青混凝土混合料虽然有上述两项优点，但这种混合料的沥青结合料应具有特殊的性能，它应保证混合料在高温环境下仍具有较高的强度和抗变形能力，在低温条件下不因冻胀而引起混合料松散，且还要经久耐用，长期保持多孔特性。这种混合料一般多采用特别处理的改性沥青作为结合料，我国目前还不具备大量使用的条件，有关单位正在开展试验性研究。

（六）高速激光弯沉测试技术

对于沥青路面使用性能而言，其中一个重要的参数就是路面结构强度，它作为一个重要的指标还可以实现对路基路面承载能力和整体寿命的综合性判定。在公路养护管理工作中，高效准确地采集沥青路面弯沉值的方法具有重要的意义和价值。

目前，贝克曼梁、落锤式弯沉仪及激光自动弯沉仪是国内较为常见的路面弯沉检测装备，但是，它们都具有同样的问题，即检测速度缓慢，并且难以大规模地实现和满足弯沉检测的需求。在这种情况下，高速激光弯沉测试技术逐渐成熟起来，并得到了推广，这就使该检测难题得到了有效解决。

1.高速激光弯沉测试技术原理

关于高速激光弯沉测试技术，主要指在高速行驶过程中通过对激光多普勒效应的应用来完成对荷载作用下的地面垂直下沉速度的测试，再利用一套惯性系统来对激光传感器的运行姿态和振动情况进行实时记录，以此来实现对路面实际弯沉变化的速度的修正和计算。测量点沉降速度的精确测量往往依赖于速度传感器发挥应有的作用。在利用弹性力学理论的基础上，以测量点的相对位置和沉降速度为依据，就可以得到弯沉盆曲线的数学方程，进而在结合车轮压力的情况下，标准弯沉值也就能够计算出来了。

可以将路面看成满足欧拉－伯努利方程的弹性模型，具体如下。

$$EI\frac{\mathrm{d}^4}{\mathrm{d}x^4}\omega(x)+\alpha k\omega(x)=-F\delta(x) \quad\quad （2-14）$$

测试原理如图 2-3 所示。

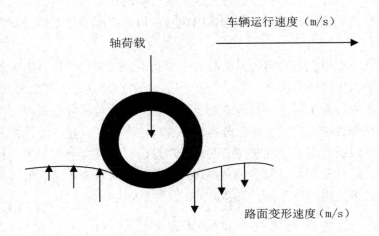

图 2-3　高速激光弯沉测试技术原理图

对于移动的物体而言，当一道激光打到它上面时，反弹回的激光波长总会发生一定的改变，而改变量与物体移动速度息息相关；当反弹回的激光与原本的激光出现干涉时，能量就会随之产生，通过对能量大小进行检验以及一系列的运算，就可以把相应的速度计算出来。解此方程可得路面变形曲线的公式，具体如下。

$$d(x)=-\frac{A}{2B}\left[\cos(Bx)+\sin(Bx)\right]e^{Bx} \quad\quad （2-15）$$

2. 高速激光弯沉测试技术的优势

高速激光弯沉仪与其他检测设备优势对比，如表 2-7 所示。

表 2-7 高速激光弯沉仪的优势

对比指标	贝克曼梁弯沉仪	落锤式弯沉仪	高速激光弯沉仪	高速激光弯沉仪优势
检测速度	2 ~ 3 km/h	2 ~ 3 km/h	30 ~ 90 km/h	检测效率是其他弯沉检测方法10倍以上
连续性	单点检测	单点检测	连续检测	连续检测可以消除单点检测间隔中的可能丢失弯沉异常值的情况
检测条件	封闭检测车道	封闭检测车道	路面干燥，检测车道通畅	可执行性高，一般封闭车道审批手续需要一个月以上
检测成本	交通维护费用，加载车辆，6名以上辅助人员	交通维护费用，仪器摊销费用	仅仪器摊销费用	无须封路，经济性好，一般弯沉检测交通维护费用是每天8 000元以上
安全性	大量人员在路上作业，在封闭车道及检测过程中都有较高碰撞的风险	在封闭车道及检测过程中都有较高碰撞的风险	以正常行车速度行驶，碰撞风险较低	安全性高

对上表进行分析可以发现，与其他传统的弯沉测试方法相比，高速激光弯沉技术具有显著优势，如效率高、覆盖全面、安全性高、成本低等。但是该技术对检测路段的路面情况有着明确的要求，即此处路面必须保持干燥通畅，尽量避免在检测时出现拥堵或潮湿的现象。

3. 激光动态弯沉技术的相关性分析

为了对激光动态弯沉系统的测试效果进行全面的对比，基于工程实际测试的需要，设计了相应的对比试验，在这一试验中，主要的试验对象就是激光动态弯沉系统和贝克曼梁弯沉仪落锤式弯沉仪，并且要保证它们处于同一沥青路面结构，其试验路段路面结构如表2-8所示。

表 2-8 试验路段路面结构

层位	结构形式	厚度
上面层	SMA-13	4 cm
中面层	GAC-20C	6 cm
下面层	GAC-25	9 cm
基层	5% 水泥稳定碎石	36 cm

选取两段不同水平的试验路段，每段均用油漆做好标记，如表2-9所示。

表2-9　两段不同水平试验路段参数

编号	长度	弯沉平均值范围（±0.01 mm）
路段 1	200 m	0 ～ 10 mm
路段 2	200 m	10 ～ 20 mm

在试验路段上进行数据的采集时，高速激光弯沉仪的速度是60 km/h，并且做到每段路采集3次，然后以20 m为间隔进行所测弯沉值的取出，计算出3次平均值作为单点弯沉值（LDD），然后按照次序在标记点上分别完成贝克曼梁弯沉（BB）值以及落锤弯沉（FWD）值的测试。

①根据高速激光弯沉仪与落锤式弯沉仪两种测试方法的对比试验数据，建立相关关系，如图2-4所示。

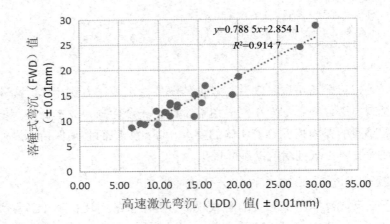

图2-4　FWD值与LDD值对比测试结果

在本次试验中，这两种检测设备的相关系数 $R=0.9564$，而相关关系式如下。

$$L_{\mathrm{FWD}} = 0.7885 L_{\mathrm{LDD}} + 2.8541 \qquad (2\text{-}16)$$

②根据高速激光弯沉仪与贝克曼梁弯沉仪两种测试方法的对比试验数据，建立相关关系，如图2-5所示。

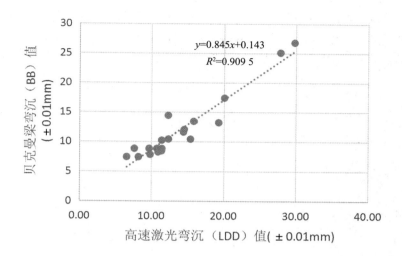

图 2-5　BB 值与 LDD 值对比测试结果

在本次试验中,这两种检测设备的相关系数 $R=0.953\,7$,而相关关系式如下。

$$L_{BB} = 0.845 L_{LDD} + 0.143 \qquad (2\text{-}17)$$

各单点弯沉值对比曲线如图 2-6 所示。

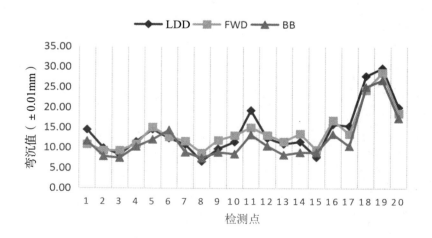

图 2-6　各单点弯沉值测试数据

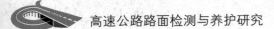

　　对试验结果进行分析，我们可以发现上述三种检测设备具有良好的相关性，而其相关系数分别为 0.956 4 和 0.953 7，可以说，这与相关道路评价检测设备的准确性要求是相符的。

第三章　高速公路沥青路面检测

随着我国高速公路网络的逐步完善，路面的检测与养护在公路工程中显得越来越重要。路面检测是合理制定养护策略的前提。我国高速公路将逐步进入以养护为主的状态。在这种形式下，研究高速公路沥青路面的检测技术，探索沥青路面养护的管理模式具有十分重要的意义。本章主要探讨了高速公路沥青路面检测的相关内容，主要包括沥青路面使用性能的调查、沥青路面性能的影响因素分析、沥青路面的检测参数、沥青路面的可靠性分析等内容。

第一节　沥青路面使用性能的调查

一、沥青路面调查评价指标现状

20 世纪 60 年代初期，美国的国家高速公路和交通运输协会提出了路面使用（服务）性能评价指标，建立了现行适用性指数（PSI）路面评价模型。近些年，随着检测设备及检测技术的跨越式发展，许多国家和国际机构先后提出了不同的路面调查评价指标，建立了不同类型的路面评价模型，如表 3-1 所示。

表 3-1　各国路面评价指标

国家	美国	美国	英国	日本	加拿大
评价指标	使用性能评价指数	路面状况指数	道路状况指数	养护管理指数	行驶舒适性指数

（一）国外路面评价指标

1. 使用性能评价指数

不同国家建立的模型的共同特点是：将客观检测数据与标准统一的评价尺度建立联系，利用统一的标尺评价路面的破损程度。

使用性能评价指数按式（3-1）计算：

$$PSI = 5.03 - 1.9\log(1 + SV) - 0.01\sqrt{C + P} - 0.21RD^2 \qquad （3-1）$$

式中：PSI——使用性能评价指数；

SV——轮迹处平整度离散度；

C——裂缝率；

P——修补率；

RD——车辙深度，单位为 cm。

式中包含了 4 个可变的参数，即平整度、裂缝率、修补率和车辙深度。SV 对 PSI 的影响较大，尤其是 SV 小于 10 时影响显著。

2. 道路状况指数

英国路况检测评定规范采用道路状况指数多参数评定模型。道路状况指数按式（3-2）进行计算。

$$RCI = \sum_{i=1}^{5} RCI_i W_i F_i \qquad （3-2）$$

式中：RCI——道路状况指数；

RCI_i——第 i 类检测指标的道路状况指数；

W_i——检测指标权重；

F_i——可靠度。

根据综合 RCI 评价结果，通过算术平均，可计算区间、路线及公路网的道路状况指数。

（二）国内路面评价指标

1. 我国早期路面评价模型

20 世纪 80 年代末期，在对国外文献分析的基础上，并根据我国沥青路面的损坏特点，交通运输部公路科学研究院建立了如式（3-3）所示的路面评价模型。

$$PCI = 10 - \alpha_1 DR^{0.33} - \alpha_2 [\lg(1 + BI)]^{8.49} \qquad （3-3）$$

式中：PCI——路面状况指数；

DR——路面破坏率；

BI——道路平整度（颠簸累积仪检测数据）；

α_1——模型参数，取 0.73；

α_2——模型参数，取 0.000 042 2。

路面破损率与专家评价及道路平整度与行驶舒适性的关系模型，如下所示。

$$PCI = 10 - \alpha_3 DR^{0.33} \tag{3-4}$$

$$PCI = 10 - \alpha_4 [\lg(1+BI)]^{8.49} \tag{3-5}$$

式中：α_3——模型参数，取 2.21；

α_4——模型参数，取 0.000 054 1。

路面评价模型及参数如下式所示。

$$PCI = 11.5 - \alpha_1 DR^{0.25} - \alpha_2 [\lg(1+BI)]^{7.47} \tag{3-6}$$

$$PCI = 10 - \alpha_3 DR^{0.25} \tag{3-7}$$

$$PCI = 10 - \alpha_4 [\lg(1+BI)]^{7.47} \tag{3-8}$$

$$PCI = 10 - \alpha_3 DR^{0.25} \tag{3-9}$$

$$IRI = \alpha_5 BI^{0.729} \tag{3-10}$$

式中：IRI——国际平整度指数；

α_1——模型参数，取 2.52；

α_2——模型参数，取 0.000 16；

α_3——模型参数，取 3.20；

α_4——模型参数，取 0.000 27；

α_5——模型参数，取 0.017 9。

2. 路面管理系统评价模型

路面管理系统采用了更清晰、直接的分项指标建模方法，如下式所示。

$$PCI = 100 - \alpha_1 DR^{\alpha_2} \tag{3-11}$$

$$RQI = 11.5 - \alpha_3 IRI \qquad (3\text{-}12)$$

式中：RQI——行驶舒适性指数；

α_1——模型参数，取 15.0；

α_2——模型参数，取 0.412；

α_3——模型参数，取 0.75。

为了修正行驶舒适性模型在结构上的缺陷，提出了如式（3-13）所示的行驶舒适性模型。

$$RQI = \frac{100}{1 + \alpha_1 \exp(\alpha_2 IRI)} \qquad (3\text{-}13)$$

式中：α_1——模型参数，取 0.018 5；

α_2——模型参数，0.437。

3. 路面使用性能评价模型

路面损坏、道路平整度、路面车辙、抗滑性能和路面结构强度的评价结果，通过 ω 权重累加，得到路面总体使用性能指数，如式（3-14）所示。

$$PQI = \omega_1 PCI + \omega_2 RQI + \omega_3 RDI + \omega_4 SRI + \omega_5 PSSI \qquad (3\text{-}14)$$

式中：PQI——路面使用性能指数；

ω_i——路面分项指标权重系数。

如式（3-14）所示的路面使用性能评价模型包含了比英国道路状况评价模型更多的因素。英国道路状况评价模型不考虑抗滑性能和路面结构强度因素是因为在公路技术状况评定中，扫描仪测量中不检测和评价这两项指标。

二、沥青路面使用性能调查及评价内容

（一）使用性能调查

沥青路面使用质量评价的内容如表 3-2 所示。

表 3-2　沥青路面使用质量评价的内容

单项性能指标	调查指标	评价指标
路面破损	DR	PCI
路面行驶质量	IRI	RQI

续表

单项性能指标	调查指标	评价指标
抗滑性能	SFC	SRI
车辙	RD	RDI
结构强度	SSI	PSSI

各项调查内容及评价指标关系见表 3-3。

表 3-3　调查内容及评价指标关系表

使用性能	破损	平整度	车辙	抗滑性能	强度
调查指标	DR	IRI	RD	SFC 或 BPN	IS
评价指标	PCI	RQI	RDI	SRI	PSSI 或 SSI
综合评价指标	PQI				

沥青路面使用性能调查可采用全面调查或抽样调查的方式，调查频率如表 3-4 所示。

表 3-4　路面调查频率

检测频率＼评价指标＼公路等级	路面养护质量指数						
	路面损坏	路面平整度	路面车辙	路面跳车	路面磨耗	路面抗滑性能	路面结构强度
高速公路、一级公路	1 年 1 次	1 年 1 次	1 年 1 次	1 年 1 次	1 年 1 次	2 年 1 次	抽样检测
二、三、四级公路	1 年 1 次	1 年 1 次	—	—	—	—	抽样检测

（二）使用性能评价

路面的综合评价则采用路面养护质量指数作为评价指标，路面养护质量指数由上述指标按评价等级赋予相应的百分值后加权计算得出。

当路面使用功能或服务质量不能满足使用要求时，就需采用合适的养护维修措施进行修复或改善。当路面破损、车辙等病害严重，路面结构强度、抗滑性能、行驶质量等影响路面性能的因素衰减到一定程度时，均会影响道路的服务水平，这时便需要维修予以改善。道路养护管理单位即可根据路况进行判断，并选择合理的养护维修措施。

三、沥青路面破损状况调查及评价

（一）沥青路面破损状况调查

为了延缓路面损坏的出现时间，需要对路面破损状况做出全面的估计。沥青路面破损情况调查表如表 3-5 所示。

表 3-5　沥青路面破损情况调查表

调查内容	程度	权重	单位	数据记录	累积损坏
龟裂	轻	0.6	m^2		
	中	0.8			
	重	1.0			
块状裂缝	轻	0.6	m^2		
	重	1.0			
横向裂缝	轻	0.6	m		
	重	1.0			
纵向裂缝	轻	0.6	m		
	重	1.0			
坑槽	轻	0.6	m^2		
	重	1.0			
松散	轻	0.6	m^2		
	重	1.0			
沉陷	轻	0.6	m^2		
	重	1.0			
车辙	轻	0.6	m		
	重	1.0			
波浪拥包	轻	0.6	m^2		
	重	1.0			
泛油	—	0.2	m^2		
修补	—	0.1	m^2		

调查内容	程度	权重	单位	数据记录	累积损坏
评定结果： $DR =$				计算方法： $DR = 100 \times \alpha_0 \dfrac{\sum\limits_{i=1}^{i_0} \omega_i A_i}{A}$ $\alpha_0 = 15.00$	

1. 破损类型及分级

在进行路面结构破损状况调查前，要对损坏进行分类，并对每一类损坏规定明确的定义。

①日本道路建设协会对沥青路面破损的分类具体如表 3-6 所示。

表 3-6 日本道路建设协会对沥青路面破损的分类表

分类	病害名称
结构性破损	横向裂缝
	纵向裂缝
	龟裂
	块裂
功能性破损	局部裂缝
	纵向不平整
	车辙
	桥头跳车
	剥落、坑洞、松散
	刨光
	波浪、拥包、泛油
	修补不良

②美国战略公路研究项目对沥青路面破损的分类如表 3-7 所示。

61

表 3-7 美国战略公路研究项目对沥青路面破损的分类

分类	病害名称
裂缝类	龟裂
	块裂
	边缘裂缝
	纵向裂缝
	反射裂缝
	横向裂缝
修补不良与坑洞	修补不良
	坑槽
表面变形	车辙
	拥包
表面损坏	泛油
	刨光
	集料散失
其他损坏	路面边缘浸水
	路肩脱落

③ HDM 技术手册对沥青路面破损的分类。

HDM 路面损害预测模型通过 8 种单列的损坏形式进行预测，最终归结为 3 大类共 8 种损坏形式。3 大类具体为：①表面损坏，包括开裂、剥落、坑槽、边缘断裂。②变形，包括车辙和平整度。③表面纹理类，包括纹理深度和抗滑阻力。8 种损坏形式包括裂缝、剥落、坑槽、边缘断裂、车辙、平整度、纹理深度、抗滑阻力，如表 3-8 所示。

表 3-8　HDM 对损坏类别的划分

大类	损坏类别		定义描述
表面损坏	窄裂缝		1 ~ 3 mm 宽的连续或线状的裂缝
	宽裂缝		宽度 ≥ 3 mm，裂缝边缘碎裂的连续或线状裂缝
	横向温度裂缝		3 mm 沿车道横向的裂缝
	剥落		材料从防滑磨耗层上脱落
	坑槽		直径 > 150 mm、深度 > 25 mm 的道路表面坑洞
	边缘断裂		路面边缘沥青面层材料脱落
变形	车辙		在行车荷载的作用下所产生的变形，在轮迹带上长时间累积成车辙
	平整度	损坏形式	路面表面与基准面形成的特征尺寸差异
		度量标准	国际平整度指数
表面纹理类	纹理深度		平均平整度指数
	抗滑阻力		由于路面集料磨光、泛油等使得路面摩擦系数降低

　　国内外许多调查研究都从不同角度列举了各种损坏现象，由于损坏现象复杂多变且有时单独出现，有时相互交织同时出现，所以很难形成一种系统、权威的分类标准。

2. 其他路面破损分类、分级方式

　　各种病害的成因、破坏程度、破坏进程各有不同。另外，不同的路面主体、荷载条件、外界环境造就了病害的不同形态和特征。国内外的有关文献认为，较为合理的路面破损分类应该从以下几个方面进行考虑：①破损机理；②破坏形状；③破坏的严重程度；④破坏的属性。

　　每一种病害的形成，都是各种因素（材料、管理、荷载、气候等）相互作用的结果，各种因素对病害形成的贡献不同，或者说各影响因素的组合不同，病害所呈现的破坏形式亦有所不同，所以科学合理的分类、分级方法对病害的处置具有重要意义。沥青路面病害的分类分级应遵循以下原则：①任何一种病害都应按其主要特征划分到相应的类型中；②应体现沥青路面病害成因机理特征和发展进程；③要有一定的预测性并适用于一定的发展时期；④在进行合理的分类时，层次应该明确，并有一定的目的性。

各影响因素的不同组合及作用程度造就了病害类型的多样性和复杂性。所以，对病害原因进行准确定位是一件很困难的事，这还有待进一步的研究。

3. 破损调查指标

（1）路面破损率

路面破损率，即换算损坏面积与调查面积之比。换算损坏面积的计算如式（3-15）所示。

$$DR = 100 \times \frac{\sum_{i=1}^{i_0} \omega_i A_i}{A}$$

（3-15）

式中：DR——路面破损率；

A_i——第 i 类路面损坏的面积，单位为 m^2；

A——调查的路面面积，单位为 m^2；

ω_i——第 i 类路面损坏的权重；

i——考虑损坏程度的第 i 项路面损坏类型；

i_0——包含损坏程度的损坏类型总数，沥青路面取 21。

沥青路面损坏类型和权重如表 3-9 所示。

表 3-9 沥青路面损坏类型和权重

类型（i）	损坏名称	损坏程度	权重（ω_i）	计量单位
1 2 3	龟裂	轻 中 重	0.6 0.8 1.0	面积：m^2
4 5	块状裂缝	轻 重	0.6 0.8	面积：m^2
6 7	纵向裂缝	轻 重	0.6 1.0	长度：m
8 9	横向裂缝	轻 重	0.6 1.0	长度：m
10 11	坑槽	轻 重	0.8 1.0	面积：m^2

续表

类型（i）	损坏名称	损坏程度	权重（ω_i）	计量单位
12 13	松散	轻 重	0.6 1.0	面积：m²
14 15	沉陷	轻 重	0.6 1.0	面积：m²
16 17	路面车辙	轻 重	0.6 1.0	长度：m
18 19	波浪拥包	轻 重	0.6 1.0	面积：m²
20	泛油	—	0.2	面积：m²
21	修补	—	0.1	面积：m²

（2）破损状况检测方法

在对路面的破损状况进行检测时，图像检测方法应用最广。其基本工作流程如图 3-1 所示。

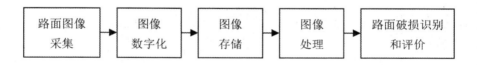

图 3-1　路面损坏图像检测法的基本工作流程

（二）沥青路面破损状况评价

1. 评价指标

评价路面的损坏状态可以通过对路面损坏数据进行检测，根据路面的折合损坏面积和调查面积计算路面破损状况指数（PCI）。

$$PCI = 100 - \alpha_0 DR\alpha_1 \tag{3-16}$$

式中：α_0——沥青路面采用 15.00；

α_1——沥青路面采用 0.412。

路面破损状况指数（PCI）与路面破损率（DR）特征数值的对照关系如表 3-10 所示。

表 3-10　*PCI-DR* 对应关系

PCI	DR
90	0.4
80	2.0
70	5.5
60	11.0

2. 评价标准

路面破损状况评价标准如表 3-11 所示。

表 3-11　路面破损状况评价标准

评价等级	PCI
优	≥ 85
良	[70，85)
中	[55，70)
次	[40，55)
差	< 40

（三）沥青路面行驶质量调查及评价

1. 路面平整度

路面平整度可定义为路面表面诱使行驶车辆出现振动的高程变化。目前常以国际平整度指数（*IRI*）作为通用标准。国际平整度指数与连续平整度仪测试得到的路面平整度标准差 σ，目前已建立以下标定关系：

$$\sigma = 0.592\,6IRI + 0.013 \qquad （3-17）$$

或近似为：

$$\sigma = 0.6IRI \qquad （3-18）$$

作为道路平整度检测的标准，*IRI* 已经被世界各国广泛采用。国际平整度指数可如式（3-19）所示进行计算：

$$IRI = a + b \times BI \qquad （3-19）$$

式中：BI——平整度测试设备的测试结果；

　　　a、b——标定系数。

2. 平整度检测方法

国内外常用的道路平整度检测方式及设备如表 3-12 所示。研究表明路面的摩擦系数一般会随着车速的升高而降低，因而路面动态摩擦系数更能准确描述公路的抗滑性能。目前较先进的设备是断面类的连续式平整度仪和反应类的车载式颠簸累积仪。

表 3-12　常用道路平整度检测方式及设备

检测方法	检测设备	检测方式	检测指标
反应类	BPR 平整度仪	动态	位移累积值
	车载式颠簸累积仪	动态	
	RRDAS 平整度仪	动态	
断面类	水准仪及水准尺	静态	路表高程
	三米直尺	静态	路表间隙
	MERLIN 梁	静态	位移偏差
	连续式平整度仪	动态	位移标准差
	惯性断面仪	动态	车体位移车体与路面距离
	纵断面分析仪	动态	
	非接触式断面仪	动态	

（1）反应类道路平整度检测设备

反应类道路平整度检测是通过安装在车体上的传感装置测量车辆以一定速度驶经不平整路面时悬挂系统的动态反应，以此来间接度量路面的平整程度。它实际上是舒适性指标。反应类道路平整度检测设备存在再现性差、转换性差、不能反映路面的真实纵断面等缺点。在反应类道路平整度检测设备中，国内应用较为广泛的是车载式颠簸累积仪。颠簸累积值易受车辆动力系统、减振系统、轮胎气压和磨损以及车身配重等多方面因素的影响。因此车载式颠簸累积仪在使用前必须与世界银行规定的一类设备进行 IRI 对比标定试验，建立相关关系后才能投入使用。

（2）断面类道路平整度检测设备

断面类道路平整度检测设备的工作原理是直接测量路表纵断面形状（高程），然后通过一个综合性数学统计量来表征其平整度状况。但是这类仪器也有缺陷，如水准测量比较费工，因此只适用于小范围的检测或设备标定。惯性断面仪当车速过高或路面非常不平整时，测试轮就会跳离路面，从而影响测试精度。

为了克服惯性断面仪的上述缺陷，一些非接触式断面仪的改进方案应运而生。这类设备一般由测试车、激光或超声波传感器、加速度计、距离传感器以及数据采集和处理系统组成，通过测量路面反射信号和加速度计采集的车辆运动状况信号得出路面纵断面各点的相对高程，根据检测结果可以绘制图形，进行频谱分析，经后期处理可以计算得到国际平整度指数。这种断面类非接触式平整度检测设备的优势是自动化程度高、测试速度快、采样密度大和数据精确，是目前最为先进的道路平整度检测设备。此外，在配备足够数量的传感器后，断面类非接触式平整度检测设备还可以同时采集路面车辙、路面构造深度和道路几何线形等数据信息。

虽然近几年路面平整度检测技术取得了长足的发展，但无论是断面类平整度检测仪还是反应类平整度检测仪在测量速度和精度方面都存在着一定的局限性，这也是路面平整度检测技术不断完善和发展的方向。

（四）沥青路面抗滑性能调查及评价

路面抗滑性能直接影响公路行车的安全性。通常，抗滑性能被定义为：

$$f = \frac{F}{W} \tag{3-20}$$

式中：f——摩擦系数；

F——作用于路表面的摩擦力；

W——垂直于路表面的荷载。

1. 抗滑性能调查及检测方法

（1）摩擦系数自动测试系统

摩擦系数自动测量设备主要有车载式和拖挂式两种。测量设备一般由机械系统、液压系统、电气及计算机系统组成，为模拟雨天公路路面状况，可在车体上加装一套洒水系统。该设备可实现自动连续测量，精度较高。目前国际上通用的路面摩擦系数自动化测试系统主要有两类：一类是测定横向力摩擦系数的测试系统，广泛应用于欧洲国家；另一类是测定纵向摩擦系数的测试系统，北美欧洲各国和日本等经常采用。

横向力摩擦系数测试设备在实际应用中，有的采用的是单轮偏角的形式，如 SCRIN 横向摩阻力测试车。有些装备采用的是双轮合角的形式，如英国的 MU-Meter6 型摩擦系数测定仪，该仪器通过夹角为 15° 的两个测试轮来测定路面的横向力摩擦系数。上述特点使横向力摩擦系数测定车能够适应于线公路特别是高速公路不封闭交通、快速检测的要求。作为路面行驶安全性评价的一种重要检测设备，横向力摩擦系数测定车已被许多公路管理部门纳入检测标准体系，同时它也是高速公路的质量验收和日常养护管理的首选设备。

（2）路面纹理深度检测

路面纹理深度检测方法是一种间接的路面抗滑性能检测方法。实践中，经常采用铺砂法测量路面纹理深度的大小，通常有手工铺砂法和电动铺砂法两种。测量出的纹理深度用以评价路面抗滑性能。应用激光技术测量路面纹理深度的常用设备为激光路面纹理测试仪，有车载式和手推式两种。

2. 抗滑性能评价

（1）抗滑性能评价指标

为了探究公路养护质量的评定方法，在大量观测试验的基础上将基于横向力摩擦系数的路面抗滑性能检测指标与抗滑性能指数 SRI（0 ~ 100）建立联系，如式（3-21）所示。

$$SRI = \frac{100 - SRI_{min}}{1 + a_1 e^{a_2 SFC}} + SRI_{min} \qquad （3-21）$$

式中：SRI——路面抗滑性能指数；

SFC——横向力摩擦系数；

SRI_{min}——抗滑性能限值，采用 25；

α_1——标定系数，采用 266.0；

α_2——标定系数，采用 -0.139。

路面抗滑性能指数（SRI）与横向力摩擦系数（SFC）特征数据的对应关系如表 3-13 所示。

表 3-13　*SRI-SFC* 对应关系

SRI	*SFC*
90	48
80	40
70	33.5
60	27.5

（2）抗滑性能评价标准

高速公路沥青路面抗滑性能评价标准为规定摆值和横向力摩擦系数的一个范围，来确定沥青路面的抗滑性能等级，如表 3-14 所示。

表 3-14　路面抗滑性能评价标准

评价等级	摆值 *BPN*	横向力摩擦系数
优	≥ 42	≥ 50
良	[37, 42)	[40, 50)
中	[32, 37)	[30, 40)
次	[27, 32)	[20, 30)
差	< 27	< 20

建议的路面抗滑性能评价标准如表 3-15 所示。

表 3-15　建议路面抗滑性能评价标准

评价等级	*SRI*
优	≥ 90
良	[80, 90)
中	[70, 80)
次	[60, 70)
差	< 60

（五）沥青路面车辙调查及评价

1. 车辙调查及检测方法

在高速公路普遍使用以前，我国的车辙现象并不严重，少量的路面车辙一般通过两米直尺人工确定。按面积（车辙长度 ×0.4）和权重计算出路面破损率指标以反映其对路面使用性能衰变的影响。

长期的渠化重载交通使高速公路和各级公路普遍出现了车辙，人工检测已经不能满足需要，根据检测方式的不同，可将车辙检测分为人工检测和自动化检测两种，常用的检测设备及特点如表3-16所示。

表3-16　常用路面车辙检测设备及特点

类型	检测设备	检测内容与指标	检测方式
人工检测	直尺或量线	车辙深度	静态
	AASHTO 车辙量规	车辙深度	静态
	水准仪或水准尺	横断面	静态
自动化检测	表面高程计	横断面	静态 / 动态
	手推式断面仪	横断面	动态
	横向轮廓仪	横断面	静态
	图像摄影检测系统	横断面	动态
	自动车辙仪	车辙深度 / 横断面	动态
	横断面扫描系统	横断面	动态

随着电子、计算机以及机械技术的发展，在不影响正常交通的情况下，已经实现了对道路路面状况的多种检测。由专用车辆和多种车载式检测仪器构成的多功能道路检测车就是一种高效率、智能化的道路检测设备。

2. 车辙评价

（1）车辙评价指标

沥青路面车辙的评价指标采用路面车辙深度指数（RDI）。路面车辙深度指数（RDI）可根据所获得的断面车辙深度（RD），进行如式（3-22）所示的计算。

$$RDI = \begin{cases} 100 - \alpha_0 RD & RD \leq RD_a \\ 60 - \alpha_1(RD - RD_a) & RD_a < RD \leq RD_b \\ 0 & RD > RD_b \end{cases} \qquad （3-22）$$

式中：RDI——路面车辙深度指数；

RD——车辙深度，单位为 mm；

RD_a——强制性养护标准，采用 20 mm；

RD_b——车辙深度极值，采用 35 mm；

α_0——模型系数，$\alpha_0=2$；

α_1——模型系数，$\alpha_1=4$。

路面车辙深度指数（RDI）与路面车辙深度（RD）特征数据的对应关系如表 3-17 所示。

表 3-17　RDI-RD 对应关系

RDI	RD/mm
90	5
80	10
70	15
60	20
0	35

（2）车辙评价标准

以路面车辙深度为指标而制定的高速公路沥青路面的车辙评价标准如表 3-18 所示。

表 3-18　车辙状况评价标准

评价等级	车辙深度
优	≤ 5
良	[5，10）
中	[10，15）
次	[15，20）
差	> 20

（六）沥青路面结构强度调查及评价

1. 结构强度调查

（1）检测指标

路面结构的承载能力可用路面在荷载作用下的弯沉量表征。弯沉一般定义为路面在车辆荷载作用下发生垂直下沉变形的位移量。

72

（2）检测方法

目前，世界各国的弯沉检测方法并不一致，使用的检测设备也不尽相同，常用的弯沉测量方式及其特点如表 3-19 所示。

表 3-19 常用弯沉测量方式及特点

测量方式	工作原理	弯沉测量系统	数据记录方式
贝克曼梁	杠杆梁式	百分表	人工
自动弯沉车	自动杠杆梁式	电感式位移传感器	自动
震动式弯沉仪	稳态振动	速度传感器	自动
道路评测以	稳态振动	速度传感器	自动
落锤式弯沉仪	冲击式	地震检波器	自动
高速激光弯沉仪	激光多普勒效应	激光发射接收装置	自动

落锤式弯沉仪是一种较先进的弯沉仪测设备。落锤式弯沉仪所测的是不同位置在加载瞬间的总弯沉值，量测结果可以反映动态弯沉峰值和弯沉盆形状。

落锤式弯沉仪较贝克曼梁弯沉仪所测结果更接近路面行车的实际情况，特别适用于高等级公路路面的弯沉检测和承载能力评估工作。也可用于对某种路面结构进行定点定期的跟踪观测，尤其适于在旧路改造前或机场评级的弯沉测试中使用。跟踪观测铺筑的一些试验路段，并用它得到弯沉盆，利用相关的计算软件反算各层的模量，进而了解各层模量随气候和行车荷载的变化情况。有些国家也用反算得到的模量值作为路面的设计参数。

随着科技的发展，弯沉测试技术也在向方便、精确、高效的方向不断进步，而先进的高速激光弯沉测试技术更是大大提高了测试效率，降低了人为因素对测试结果的影响。高速激光弯沉仪是目前高速公路路面弯沉检测的最佳选择。

2. 结构强度评价

路面结构强度评价模型采用路面结构强度指数作为路面结构强度的评价指标，路面结构强度指数由路面结构强度系数计算得到，如式（3-23）所示。该模型将路面结构强度指数与 *PCI* 在量纲上实现了一致。

$$PSSI = \frac{100}{1 + \alpha_1 e^{\alpha_2 SSI}} \qquad （3-23）$$

式中：*PSSI*——路面结构强度指数（0 ~ 100）；

SSI——路面结构强度系数；

α_1——模型参数，取 15.71；

α_2——模型参数，取 -5.19。

公路管理机构或经营企业宜将检测范围控制在 2% 以内，即弯沉检测应控制在路面大、中修养护的范围之内。另外需指出的是，网级路面使用性能的评价不一定需要路面结构强度的检测数据。

第二节　沥青路面性能的影响因素分析

一、车辆荷载的影响

在车辆荷载的重复作用下，沥青路面的总体结构性能降低，如果给出的其他条件是一样的，那么，沥青路面使用性能的衰减会随着车辆轴载的加大而加快速度。沥青路面重载及超载的车辆越多，同时车辆轴载越小时，就会造成沥青路面结构很大程度的破坏，以至沥青路面的使用寿命因出现损坏而大大缩短。所以，车辆荷载对沥青路面使用性能的定量影响，是我们应当重视的和深入研究的问题。只有对这种影响关系有比较清晰的认识，有更深入的掌握，才能明确各种不相同的荷载等级对沥青路面使用性能究竟会造成什么程度的影响，并且还能通过我们已经知道的车辆荷载等级信息，对沥青路面的结构按照沥青路面的使用性能进行设计。

二、环境因素的影响

温度和湿度是环境因素中最主要的两个方面。由于各个地区的温度和降雨量等气候因素都是存在很大的不同的，所以，同样的沥青路面在不同地区以及不同气候因素的影响下其衰变规律也会呈现出很大的不同。在大多数情况下，环境因素会通过多种方式对沥青路面造成不同程度的影响。通常包括以下两个方面：一方面是对沥青路面材料性能方面的直接影响；另一方面是对沥青路面材料的性能造成的间接影响，这种间接的影响主要是通过叠加的荷载发生的。所以，环境对沥青路面使用性能的影响与车辆荷载对沥青路面使用性能的影响在相比较之下可以看出，环境对沥青路面使用性能的影响是间接的，更为隐蔽，也更有发生变异的可能。故定量地分离出环境因素的影响相当困难。

三、施工和养护水平的影响

施工水平在很大程度上会影响到沥青路面的使用性能，而在路面投入使用的初期，这种影响就更为明显。虽然我们已经认识到施工水平的重要性，但是施工水平涉及的因素繁多，并且十分复杂，如果想非常清晰地进行量化是非常困难的。对路面的使用性能造成影响的除了施工水平还有道路的保养维护水平。在同样的条件下，如果对沥青路面进行良好合理的保养和维护，沥青路面使用性能的衰变速度就会明显地减小，路面性能的破坏也会明显缓解，从而使沥青路面的使用寿命能够延长。但是，这种保养维护的水平想在路面行为方程中被精确地反映出来是非常困难的，也是并不容易实现的。

四、沥青路面结构组合的影响

每条高速公路的路面结构是不相同的，而路面结构对沥青路面的影响，也是和不相同的路面结构有关联的。在同等的条件下，对不同的路面结构进行组合，就会使路面性能的发展呈现出完全不同的趋势。所以，我们非常有必要在进行路面结构设计时，设计好合理的组合方案，只有设计出合理的组合方案，并充分地运用于实践，才能使沥青路面的使用性能得到加强。一般情况下，能够延缓路面使用性能变化的是路面层较厚、与具有较高强度的路面结构组合。促使路面使用性能发生较快变化的因素是路面层比较薄、与具有较低强度的路面结构组合。此外，早期使用性能比较好的路面是面层比较厚，并且与具有较低强度的路面结构组合。后期使用性能比较好的路面是面层比较薄，并且与具有较高强度的路面结构组合。

第三节 沥青路面的检测参数

一、既有沥青路面结构可靠性状态诊断与预测

维护沥青路面结构可靠性状态的前提条件是对一定程度的性能要求的满足。在沥青路面的保养和维护过程中，只要发现路面结构的状态已经不能满足性能要求，就必须立即采取相应的维护和保养举措，从而达到对沥青路面性能恢复的目的。

发现问题后，在还没有真正对相关路面进行维修时，应先选定适合的维修计划，这也是公路养护人员的一项非常重要的任务，他们需要依据沥青路面现在的具体状况，对维修计划进行分析，才能将维修计划制订得更加合理。对高速公路的维护必然会产生一定的维修费用，而维修费用所需数量，与制订的维修计划有很强的关联性。如果维修级别定得很高，那么相应的，维修时所需要的工作时间会很长，所需的具体的材料费用也会很高。所以，公路养护人员在制订维修计划时，务必将维修费用的高低考虑进去，但是，我们并不能光考虑维修成本，而不进行全面的考虑。不能为了降低维修费用，而不根据具体情况就将维修级别订得非常低。这是因为路面的实际情况是非常复杂的，制订维修计划，需要全方位地考虑多方面因素，然后在各种因素中权衡利弊，制订最优化的方案。如果降低维修等级过度，那么下一次维修的时间就有可能提前到来，也就是很可能会出现对沥青路面的维修时间间隔缩短的情况，那么这就会导致出现在一段固定时长内维修费用不但没有节省，反而增高的情况。所以，如果想要帮助公路部门在大量的维修成本上做到节约以及合理利用，就需要依据路面可靠性的状态制订出更加合适的维修方案。

二、既有沥青路面结构参数的检测

（一）路面结构层厚度的检测

目前，公路部门检测面层厚度的标准方法是按一定频度随机取芯。通过三个已有钻孔连一地质雷达剖面，根据电磁波传播时间计算孔位的厚度。结果如表 3-20 所示。

表 3-20　芯样厚度与雷达测定厚度对比表

芯样号	芯样厚度 /cm	雷达测定厚度 /cm	绝对误差 /cm	相对误差
1	13.5	13.62	+0.12	0.89%
2	11.0	11.08	+0.08	0.73%
3	12.0	11.85	−0.15	1.25%

通过四个任选点位连一地质雷达剖面，剖面长度约为 200 m。首先钻开第一个点位并据其芯样厚度标定电磁波速度，然后预报其他三个点的厚度，最后钻开这些点位并将其芯样厚度与预报厚度做比较。结果如表 3-21 所示。

表 3-21　雷达测定厚度与芯样厚度对比表

芯样号	雷达测定厚度 /cm	芯样厚度 /cm	绝对误差 /cm	相对误差
1	8.83	9.0	−0.17	8.83%
2	12.44	12.7	−0.26	2.05%
3	11.48	11.3	+0.18	1.59%
4	13.20	13.0	+0.20	1.54%

（二）路面结构层间状态的检测

对既有的路面结构可靠性状态进行确定的一个关键因素就是路面结构层间的接触状况。对路面层间接触状态的正确测定，是制订高速公路维修计划的决定性因素。

可以采用分形理论和层间接触理论，对半刚性基层沥青路面层间接触状态进行微观分析，可以得出这样的结论：假设其他条件能够保持永恒稳定，在这种情况下，当路面层与路面层之间的有效接触面积比临界值大时，路面结构在宏观上会表现出弹性性质；当路面层与路面层之间的有效接触面积比临界值小时，路面结构在宏观上将会发生损伤变形。

第四节　沥青路面的可靠性分析

一、交通参数对路面结构可靠性的影响

（一）交通参数与影响路面结构

随着经济的发展，载货汽车的超载现象变得越来越严重。交通参数对既有路面可靠性的影响很大，以天津市杨北公路为例，杨北公路始建于 1963 年，是天津公路干线之一，车流量较大，重车较多。2001 年进行了重建，其路面结构参数如表 3-22 所示。

表 3-22 杨北公路路面结构参数

层次	材料类型	结构层厚度		抗压回弹模量		劈裂强度及变异性	
		h_i/cm	$C_y(h_i)$	E_i/MPa	$C_y(E_i)$	S_i/MPa	$C_y(S_i)$
1	细粒式沥青混凝土	4	0.08	1 500	0.15	1.2	0.10
2	粗粒式沥青混凝土	6	0.10	1 200	0.15	0.8	0.10
3	水泥稳定碎石	36	0.15	2 000	0.18	0.6	0.15
4	二灰土	15	0.20	800	0.20	0.4	0.20
5	土基	—		50		0.22	—

（二）以路表弯沉为控制指标的可靠度计算

以路表弯沉为控制指标的不同荷载作用下累计当量轴次 N 与可靠度之间的关系，如表 3-23 所示。

表 3-23 不同荷载作用下累计当量轴次 N 与可靠度之间的关系

%

累计当量轴次／万次	荷载均值 /MPa						
	0.7	0.8	0.9	1.0	1.1	1.2	1.4
100	99.78	93.87	81.58	63.43	38.79	22.31	4.89
200	93.43	78.36	52.83	31.04	14.87	5.70	1.02
300	86.15	63.24	35.06	16.02	8.72	1.98	—
400	77.24	48.49	22.77	9.22	2.72	0.64	—
500	67.94	39.43	17.37	5.15	1.25	0.03	—
600	60.53	30.46	10.22	3.46	0.83	0.02	—
700	54.53	25.51	8.12	2.14	0.03	—	—
800	49.32	20.41	6.99	1.16	0.02	—	—
900	40.40	16.85	4.43	1.44	—	—	—
1000	38.49	13.32	4.40	0.72	—	—	—
1200	30.32	9.37	2.66	—	—	—	—
1400	23.74	6.59	1.38	—	—	—	—

随荷载应力的增大，路面结构的可靠性呈现衰减的趋势。荷载应力水平由 0.7 MPa 增加到 0.8 MPa 时不同当量轴次可靠度变化率如表 3-24 所示。

表 3-24　不同当量轴次可靠度变化率

累计当量轴次 / 万次	可靠度变化率 /%
100	5.92
200	16.13
300	26.59
400	37.22
500	41.96
600	49.68
700	53.22
800	58.29
900	58.62
1 000	65.39
1 200	69.10
1 400	72.24

（三）以上面层层底拉应力为控制指标的可靠度计算

上面层层底拉应力为控制指标的不同荷载作用下累计当量轴次与可靠度之间的关系如表 3-25 所示。

表 3-25　不同荷载作用下累计当量轴次与可靠度之间的关系

（以上面层层底拉应力为控制指标时）

%

累计当量轴次 / 万次	荷载均值 /MPa				
	0.7	0.8	0.9	1.0	1.2
100	100.00	100.00	99.14	98.36	98.26
200	100.00	99.97	89.20	86.82	42.36

累计当量轴次 / 万次	荷载均值 /MPa				
	0.7	0.8	0.9	1.0	1.2
300	100.00	98.17	76.35	67.58	19.33
400	99.49	95.58	62.34	48.49	9.98
500	98.20	91.21	50.13	37.09	5.39
600	97.93	85.14	41.83	25.46	2.72
700	95.32	79.05	32.75	19.89	1.71
800	92.96	70.76	27.58	15.13	1.32
900	89.18	62.20	22.60	11.21	1.02
1 000	87.77	57.22	18.91	9.22	0.89
1 200	82.19	46.20	13.35	5.22	0.33
1 400	71.08	36.94	9.32	3.57	0.21

（四）以基层层底拉应力为控制指标的可靠度计算

基层层底拉应力为控制指标时不同荷载作用下累计当量轴次与可靠度之间的关系如表 3-26 所示。

表 3-26　不同荷载作用下累计当量轴次与可靠度之间的关系

（以基层层底拉应力控制为指标时）

%

累计当量轴次 / 万次	荷载均值 /MPa					
	0.7	0.8	0.9	1.0	1.2	1.4
100	100.00	100.00	100.00	99.79	97.75	92.57
200	100.00	100.00	99.87	98.50	91.80	79.51
300	100.00	100.00	98.97	96.89	83.35	66.86
400	100.00	99.81	98.72	91.95	76.38	58.01
500	99.86	99.35	97.78	87.77	68.98	49.91

累计当量轴次／万次	荷载均值／MPa					
	0.7	0.8	0.9	1.0	1.2	1.4
600	99.61	98.60	96.49	83.07	62.09	43.74
700	99.51	97.27	95.94	78.09	57.46	39.17
800	99.24	93.88	93.11	75.54	51.81	35.15
900	99.01	91.94	91.42	69.03	47.31	31.85
1 000	98.50	89.41	90.55	67.57	45.91	30.39
1 200	97.65	87.09	86.68	60.30	39.45	25.76
1 400	95.51	84.35	82.85	54.14	36.58	24.89

二、沥青路面结构层间状态对可靠性的影响

不同接触状态下的累计当量轴次对可靠度有影响。选定路面结构参数，计算出不同接触状态下累计当量轴次与可靠度之间的关系如表 3-27 所示。

表 3-27 不同接触状态下的累计当量轴次与可靠度之间的关系（以弯沉控制为指标）

%

累计当量轴次／万次	荷载均值／MPa					
	0	0.2	0.4	0.6	0.8	1.0
100	100.00	100.00	100.00	99.89	99.84	99.78
200	100.00	100.00	100.00	96.72	95.08	93.43
300	100.00	99.41	98.82	92.49	89.32	86.15
400	90.37	89.49	88.60	82.92	80.08	77.24
500	79.49	78.71	77.93	72.94	70.44	67.94
600	70.82	70.13	69.43	64.98	62.76	60.53
700	63.80	63.18	62.55	58.54	56.54	54.53

续表

累计当量轴次／万次	荷载均值/MPa					
	0	0.2	0.4	0.6	0.8	1.0
800	57.70	57.14	56.57	52.95	51.14	49.32
900	47.27	46.81	46.34	43.37	41.89	40.40
1 000	45.03	44.59	44.15	41.32	39.91	38.49
1 200	35.47	35.13	34.78	32.55	31.44	30.32
1 400	27.78	27.51	27.23	25.49	24.62	23.74

第四章　高速公路沥青材料的检测

现阶段，我国高速公路建设力度的不断增加，高速公路建设规模的不断扩大，道路等级的不断提高，在此背景下我国采用的主要的路面结构形式就是将沥青作为胶结材料的沥青路面。本章分为沥青材料试验检测方法、沥青混合料的技术标准、沥青混合料试验检测方法三部分。

第一节　沥青材料试验检测方法

一、沥青试样准备

（一）试样准备目的

为了使试验结果的代表性和准确性有所保障，在准备沥青的各项试验时要依据规范制备试样。

（二）试样准备方法与步骤

将恒温烘箱中放入装有试样的盛样器，石油沥青试样中可见水分时，烘箱温度保持在 80 ℃左右，将所有沥青加热直至熔化以供脱水用。90 ℃为石油沥青的软化点温度，石油沥青中水分消失后，烘箱的适宜温度约为 135 ℃。不能采用电炉或煤气炉等对取来的沥青试样进行明火加热。

当石油沥青试样中有水分时可以进行加热脱水，加热脱水的方式有两种：一种是在可控温的电热套、油浴、沙浴上直接放置盛样器，这种方式在实际操作中较为常见；另一种是在电炉、煤气炉上放置石棉垫后再放置盛样器，这种方式只有在不得已时才能使用。为了防止局部过热，在加热脱水的过程中应当运用玻璃棒轻轻搅拌，时间不得多于 30 min。

运用 0.6 mm 的滤筛对盛样器中的沥青进行过滤，并将其在各项试验模具中一次灌入，注意要立即进行，不能等其冷却。也可以在一个或数个沥青盛样器皿中加入试样，要求试样的数量满足实验项目所需并留出余量。

在沥青灌模时，如果出现沥青温度下降的情况可以对其进行适当的加热，加热的方法就是将其放入烘箱中，为了防止沥青老化，对试验结果产生影响，这种加热不能多于 2 次。还有一点需要注意，在沥青灌模时对沥青进行反复的搅动可以防止气泡混入。

应当立即清洗灌模剩余的沥青，不能在试验中二次利用。

二、沥青密度与相对密度试验

（一）试验目的

采用比重瓶测定沥青材料的密度与相对密度不仅可以为沥青混合料配合比设计提供必要的参数，还可以为沥青原材料质量与体积之间的换算提供参考。有资料表明：15 ℃是沥青密度测定的标准温度，在相同温度下，沥青与水的密度之比就是其相对密度。我们可以对 15 ℃的沥青进行密度测定，其值可与相对密度（25 ℃/25 ℃）进行换算；还可以对相对密度（25 ℃/25 ℃）进行测定，与 15℃的密度进行换算。可以通过公式（4-1）对密度和相对密度进行换算。

沥青与水的相对密度（25 ℃/25 ℃）＝沥青的密度（15 ℃）×0.996　　（4-1）

（二）方法与步骤

①依次用洗液、水、蒸馏水对比重瓶进行仔细的洗涤，然后烘干、称重，得到 m_1，要求精确到整数。

②在恒温水槽中放入烧杯（盛有新煮沸并冷却的蒸馏水），一同保温，烧杯底要深入水槽 100 mm 以上，烧杯口从水面露出，并在夹具作用下使其固牢。将温度计插入烧杯，然后在烧杯中放入比重瓶及瓶塞，还要满足一个条件，即烧杯中水的深度必须高于比重瓶顶部最少 40 mm。对温度进行调控，以规定的试验温度 ±0.1 ℃为标准来要求恒温水槽中水的温度和烧杯中蒸馏水的温度。

③烧杯中水温满足规定温度后再保温 30 min，这时可以在比重瓶瓶口塞入瓶塞，从瓶塞上的毛细孔中挤出多余的水。这里有一点需要注意，要将比重瓶内的气泡排出，比重瓶内不允许有气泡。从水槽中取出烧杯，再将比重瓶从烧杯中取出，立即用干净软布擦拭瓶塞顶部，再迅速将比重瓶外面的水分擦干，称重，得 m_2，精确到整数。擦拭瓶塞顶部的动作只能进行一次，不管何种原因都不能对其进行二次擦拭。试验温度时比重瓶的水值是 $m_2 - m_1$。

④运用 0.6 mm 的滤筛对沥青试样进行过滤，再将其放入干燥的比重瓶内，使其充满整个比重瓶，特别注意不要将气泡混入其中。在恒温水槽内盛有水的烧杯中放入盛有试样的比重瓶，瓶口要高于水面 40 mm 左右，保证瓶内不会侵入水。烧杯内的水温上升到一定温度（也就是试验要求的温度）后，进行 30 min 的保温，塞上瓶塞，从瓶塞的毛细孔中挤出多余的试样。将这些从毛细孔中挤出的试样用蘸有三氯乙烯的棉花仔细擦拭干净，并保证试样始终占据瓶塞的毛细孔。将比重瓶取出，将瓶外的水分或黏附的试样及时用干净软布擦除，对其质量进行称量，得到 m_3，精确到整数。

⑤黏稠沥青试样的试验步骤如下。

a. 石油沥青的估计软化点是 100 ℃，煤沥青的估计软化点是 50 ℃，加热沥青的温度应当以软化点为极限，不能超过软化点，将加热后的沥青注入比重瓶中，高度大约是比重瓶的 2/3。注意瓶口或上方瓶壁不能有试样黏附，同时防止气泡混入。

b. 在干燥器中放置盛有试样的比重瓶，使其在室温下冷却，冷却时间必须在 1 h 以上，然后对其进行称重（包含瓶塞），得到 m_4，精确到整数。将盛有蒸馏水的烧杯从水槽中取出，在比重瓶中注入蒸馏水，再连同瓶塞放入烧杯之中，待恒温水槽达到规定试验温度之后，将烧杯放回恒温水槽中。当烧杯中的水温上升至规定试验温度后对其进行大约 30 min 的保温，在此期间，比重瓶中的气泡不断上升，待气泡到达水面时用细针将气泡挑除。水的体积稳定后，保温结束。

c. 确保比重瓶内无气泡并且温度恒定后，塞紧瓶塞，从瓶塞的毛细孔中溢出多余的试样，这时应当注意不能让气泡进入比重瓶。保温 30 min 后将比重瓶取出，按照之前的方法将瓶外的水分迅速擦干并进行称重，得到 m_5，精确到整数。

⑥固体沥青试样的试验步骤如下。

a. 如果进行试验之前试样的表面是潮湿的，可以先将其吹干，吹干的方式一般有两种：一种是运用干燥、清洁的空气；另一种是对其进行烘干处理，一般放置在 50 ℃ 的烘箱之中。打碎试样（取 50 ~ 100 g），在 0.6 mm 及 2.36 mm 的滤筛中过滤，在清洁、干燥的比重瓶中放入过滤后的粉碎试样，一般不少于 5 g，将瓶塞塞紧，对其质量进行称量，得到 m_6，精确到整数。

b. 将瓶塞取下，将恒温水槽内烧杯中的蒸馏水注入比重瓶中，要求水面超过试样 10 mm 左右，与此同时，将少量含有 1% 洗衣粉、洗洁精等表面活性剂的溶液加入到比重瓶内，摇动比重瓶，使试样沉底、气泡逸出，但是不要用力过猛，将试样摇出。

c. 比重瓶中盛有试样和蒸馏水，将瓶塞取下，并放置在真空干燥箱中抽真空，使真空箱达到 98 kPa 的真空度，如果仍然有气泡附在比重瓶试样表面上，可以将表面活性剂溶液滴入其中，在抽真空之前摇动比重瓶。如果遇到特殊情况可以反复操作这一步骤，直到气泡完全去除。

d. 比重瓶中加满保温烧杯中的蒸馏水，并将瓶塞轻轻塞好，再把它放入烧杯中（该烧杯盛有蒸馏水），并将瓶塞塞紧。在试验温度 ±0.1 ℃的恒温水槽中放入装有比重瓶的盛水烧杯，并保持 30 min 以上，将比重瓶取出，把瓶外水分擦干，然后称其质量，得出 m_7，精确到整数。

（三）试验结果计算

在试验温度下，计算液体沥青试样的相对密度可以运用公式（4-2），计算液体沥青试样的密度可以运用公式（4-3）。

$$\gamma_b = \frac{m_3 - m_1}{m_2 - m_1} \tag{4-2}$$

$$\rho_b = \frac{m_3 - m_1}{m_2 - m_1} \times \rho_w \tag{4-3}$$

式中：γ_b——试验温度下试样的相对密度；

ρ_b——试验温度下试样的密度；

m_1——比重瓶质量；

m_2——比重瓶盛满水时与水的合计质量；

m_3——比重瓶盛满试样时与试样的合计质量；

ρ_w——水在试验温度下的密度。

在试验温度下，计算黏稠沥青试样的相对密度可以运用公式（4-4），计算黏稠沥青试样的密度可以运用公式（4-5）。

$$\gamma_b = \frac{m_4 - m_1}{(m_2 - m_1) - (m_5 - m_4)} \tag{4-4}$$

$$\rho_b = \frac{m_4 - m_1}{(m_2 - m_1) - (m_5 - m_4)} \times \rho_w \tag{4-5}$$

式中：m_4——比重瓶与黏稠沥青试样的质量和；

m_5——比重瓶、试样、水的质量和；

其他同上。

在试验温度下，计算固体沥青试样的相对密度可以运用公式（4-6），计算固体沥青试样的密度可以运用公式（4-7）。

$$\gamma_b = \frac{m_6 - m_1}{(m_2 - m_1) - (m_7 - m_6)} \tag{4-6}$$

$$\rho_b = \frac{m_6 - m_1}{(m_2 - m_1) - (m_7 - m_6)} \times \rho_w \tag{4-7}$$

式中：m_6——比重瓶与固体沥青试样的质量和；

m_7——比重瓶、试样、水的质量和；

其他同上。

（四）说明与注意问题

应该对同一试样进行两次平行试验，对两次试验结果的差值进行分析，判断其差值是否满足重复性试验的精密度要求，如果满足，沥青密度的试验结果则取两次试验结果的平均值，并保留小数点后三位小数；如果不满足，则寻找原因，继续试验。试验温度应当在试验报告中明确标注。重复性试验和复现性试验对于不同类型的沥青的允许误差不同，如表4-1所示。

表4-1　沥青重复性试验与复现性试验的允许误差

试样	重复性试验	复现性试验
黏稠石油沥青 / 液体沥青	0.003 g/cm³	0.007 g/cm³
固体沥青	0.019 g/cm³	0.02 g/cm³

应当经常校正比重瓶的水值，一般来说，每年校正比重瓶水值的次数必须大于等于1。

抽真空的速度要适当，不宜过快，防止比重瓶中的样品被带出。

三、沥青针入度试验

（一）试验目的

测定针入度不仅能对不同沥青的黏稠性进行掌握，还可以为沥青划分标号。针入度指数可以对温度敏感性进行描述。针入度指数的测定可以在多个温度条件下进行，如 15 ℃、25 ℃、30 ℃等。对沥青的高温稳定性进行评价可以采用当量软化点 T_{800}，它是沥青针入度为 800 时的温度。对沥青的低温抗裂性能进行评价可以采用当量脆点 $T_{1.2}$，它是沥青针入度为 1.2 时的温度。

（二）试验方法与步骤

①在盛样皿中注入适量试样。将盛样皿盖上盖子，防止灰尘落入。在 15 ~ 30 ℃室温中冷却盛有试样的盛样皿，将冷却后的盛样皿移入恒温水槽（规定试验温度 ±0.1 ℃）中，冷却时间和放置在恒温水槽的时间依据盛样皿的不同而有所差异，小盛样皿一般是 1 ~ 1.5 h，大盛样皿一般是 1.5 ~ 2 h，特殊盛样皿一般是 2 ~ 2.5 h。将针入度仪调整至水平，对针连杆和导轨进行检查，确保没有水和其他外来物，确保没有出现明显的摩擦。对标准针进行清洗并擦干，清洗一般用三氯乙烯或其他溶剂，然后在针连杆中插入标准针，用螺丝固紧。按试验条件，加上附加砝码。

②在针入度仪的平台上放置盛有试样的盛样皿，将针连杆缓缓放下，使针尖恰好接触到试样表面。将刻度盘的拉杆拉下，使其轻轻接触针连杆的顶端，对刻度盘进行调节使其指向零刻度线。打开秒表，当秒表指针正指向 5 s 的瞬间，用手将针入度仪按钮压紧，使标准针自动下落贯入试样，经规定时间，停压按钮使针停止移动。

③将刻度盘拉杆拉下使其接触到针连杆的顶端，读取刻度盘指针所指示数，精确到小数点后一位。同一试样至少要做 3 次平行试验，各测试点之间的距离不能少于 10 mm，各测试点与盛样皿边缘的距离也不能少于 10 mm。每次试验后都应当在恒温水槽中放置盛有试样的盛样皿，保证试验温度不变。每次试验的标准针都应当是干净的，可以换一根，也可以用蘸有三氯乙烯溶剂的棉花或布将标准针擦拭干净，再擦干。

④对针入度指数进行测定时，分别在 15 ℃、25 ℃、30 ℃温度条件下对沥青的针入度进行测定，在特殊情况下，30 ℃可以用 5 ℃替换。

（三）试验结果确定和计算

①经过 3 次平行试验得出结果，从所得结果中取出最大值和最小值做差，然后与允许偏差（表 4-2）进行对照，如果差值在该范围内，最终的试验结果则取 3 次平行试验的平均值，有一点需要注意，针入度试验结果应取整数。

表 4-2　针入度允许差值

针入度（0.1 mm）	允许差值（0.1 mm）
0 ～ 49	2
50 ～ 149	4
150 ～ 249	12
250 ～ 500	20

②相关计算，包括沥青针入度指数的计算、当量软化点的计算、当量脆点的计算三部分内容。

a. 沥青的针入度温度指数的计算采用的是直线回归法，用 3 个以上的温度针入度按一元一次方程直线回归。

$$\lg P = A_{\lg Pen} \times T + K \qquad （4-8）$$

式中：$A_{\lg Pen}$——针入度温度指数，即直线回归所得斜率；

$\lg P$——不同温度条件下测得的针入度值的对数；

T——试验温度；

K——直线回归所得截距。

沥青的针入度指数的计算依据是上述直线回归所得的针入度温度指数。

$$P_{\lg Pen} = \frac{20 - 500 A_{\lg Pen}}{1 + 50 A_{\lg Pen}} \qquad （4-9）$$

b. 沥青的当量软化点 T_{800} 计算。

$$T_{800} = \frac{\lg 800 - K}{A_{\lg Pen}} = \frac{2.903\,1 - K}{A_{\lg Pen}} \qquad （4-10）$$

c. 沥青的当量脆点 $T_{1.2}$ 计算。

$$T_{1.2} = \frac{\lg 1.2 - K}{A_{\lg Pen}} = \frac{0.0792 - K}{A_{\lg Pen}} \qquad (4\text{-}11)$$

（四）说明与注意问题

①在针入度试验中，温度、测试时间和针的质量是三项较为重要的试验条件，如果不能严格控制这三项试验条件，将会对试验结果的准确性产生严重的影响。在针入度试验中，温度一般控制在 25 ℃，测试时间一般控制在 5 s，针的质量一般控制在 100 g。

②在对沥青试样进行测定时，如果该试样的针入度值大于 200，在测定过程中使用标准针的数量至少是 3 支，每次试验后不将试样中的针取出，直到完成 3 次平行试验之后，再取出标准针。

③判断试验结果是否满足重复性试验和复现性试验的允许差规定，对照数据如表 4-3 所示。

表 4-3　试验结果与试验允许差对照表

试验结果	重复性试验的允许差	复现性试验的允许差
＜ 50（0.1 mm）	2（0.1 mm）	4（0.1 mm）
≥ 50（0.1 mm）	平均值的 4%	平均值的 8%

四、沥青蒸发损失试验

（一）试验目的

沥青蒸发损失试验主要是对石油沥青材料的相关指标进行测定，主要包括石油沥青材料的蒸发损失、石油沥青材料蒸发损失后的残留物的针入度、在原试样针入度中石油沥青材料蒸发损失后的残留物针入度所占的百分率、沥青残留物的软化点、沥青残留物的延点等，从而对沥青受热时性质的变化进行评定，验证中、轻交通道路石油沥青的抗老化能力。

90

（二）方法与步骤

①将盛样皿清洗干净并放置干燥后，对其进行称量，得到质量 m_0，准确至 1 mg。然后在两个盛样皿中分别倒入质量约为 50 g ± 0.5 g 的沥青试样，待试样冷却至室温之后，对试样和盛样皿的总质量进行称量，得到 m_1，准确至 1 mg。

②调整烘箱至水平，让转盘在水平面上保持旋转状态；在转盘上方距离转盘边缘内侧 20 mm 处挂上温度计，转盘顶面以上 6 mm 处可以看到水银球的底部；将烘箱的上下气孔打开，并进行加热使温度保持在 163 ℃ ±1 ℃。

③等待温度恒定之后，在烘箱内的转盘上放置两个已盛试样的盛样皿，将烘箱门关闭（操作的整个过程要迅速），温度回升到 162 ℃ 后开始计时 5 h（在这个时间内温度不能超过 163 ℃）。需要注意的是从开始到结束整个过程的时间上限是 5.25 h。加热结束后将盛样皿取出，在室温下冷却，确保盛样皿在冷却过程中不能落入灰尘，最后对其进行称重，得到 m_2，准确至 1 mg。

④在加热炉具上放置盛样皿，缓慢加热使沥青熔化，用玻璃棒将熔化的沥青上下搅匀；并依据针入度试验法规定的步骤对加热后残留物的针入度进行测定。如果在针入度试验中，试样的数量难以达到要求，这时就需要增加试样皿的数量，在规定的试样皿中将试样进行合并后，再进行试验。

（三）试验结果计算

按照公式（4-12）来计算沥青试样蒸发损失百分率，在沥青蒸发试验后，若沥青试样的质量减少则为负值，若沥青试样的质量增加则为正值。

$$L_b = \frac{m_1 - m_2}{m_1 - m_0} \times 100\% \qquad （4-12）$$

式中：L_b——试样的蒸发损失百分率；

　　　m_0——盛样皿的质量；

　　　m_1——盛样皿与试样在加热之前的质量和；

　　　m_2——盛样皿与试样在加热之后的质量和。

计算原试样针入度中试样蒸发残留物的针入度所占的百分率可以采用式（4-13）。

$$K_p = \frac{p_2}{p_1} \times 100\% \qquad （4-13）$$

式中：K_p——针入度比；

p_1——原试样的针入度；

p_2——蒸发损失后残留物的针入度。

同一试样要进行两次平行试验，以重复性试验的精密度要求为标准，判断两个盛样皿的蒸发损失百分率之差是否符合该标准，在符合该标准的条件下可以将两次平行试验结果的平均值作为该试验的试验结果，结果精确到 0.01。

（四）说明与注意问题

①沥青蒸发损失试验可能会出现计算结果为正值的情况，也可能会出现计算结果为负值的情况，当计算结果为正值时，说明沥青试样在加热的过程中没有损失，反而增加了，究其原因，可能是沥青在高温条件下将空气中的某些物质吸附了。

②判断蒸发损失是否满足重复性试验和复现性试验的允许差规定，对照数据如表 4-4 所示。

表4-4　蒸发损失试验结果与试验允许差对照表

蒸发损失	重复性试验的允许差	复现性试验的允许差
＜ 0.5%	0.10%	0.20%
≥ 0.5%	0.20%	0.40%

③与针入度试验的规定相同，残留物针入度的精密度不满足要求时，试验应当重新进行。

④一般不宜将不同品种或标号的沥青同时放进一个烘箱中进行试验。

五、沥青薄膜加热试验

（一）试验目的

沥青薄膜加热试验主要是测定加热之后的重交通道路石油沥青薄膜的质量损失，并结合实际需要，对加热后薄膜残留物的针入度、软化点等性质的变化进行测定，从而对沥青的耐老化性能进行判定。

（二）试验方法与步骤

①将盛样皿洗净、烘干，待其完全冷却后对其进行编号，然后对其质量进

行称量，得到 m_0，准确至 1 mg。将沥青试样（质量一般在 50 g ± 0.5 g）分别注入 4 个已称质量的盛样皿中，使沥青形成具有均匀厚度的薄膜，将其放入干燥器中，待冷却至室温后，对其质量进行称量，得到 m_1，准确至 1 mg。与此同时，依据规定方法对沥青试样薄膜加热前的性质进行测定，包括其黏度、脆点、针入度等。预计沥青数量难以满足试验项目需要时，可适当增加盛样皿的数目，但是不允许在同一烘箱中放入不同品种或标号的沥青进行试验。

②在转盘轴上垂直悬挂温度计使其位于转盘中心，转盘顶面上 6 mm 处可以看到水银球，并加热烘箱使其保持 163 ℃ ± 1 ℃。调整烘箱至水平，使转盘在水面上旋转，旋转速度为 5.5 r/min ± 1 r/min，转盘与水平面倾斜角 ≤ 3°，温度计与转盘中心的距离应等于温度计与边缘的距离。

③在恒温 163 ℃的烘箱内的转盘上放置盛样皿，再将烘箱门关上，将转盘架打开，操作的整个过程要迅速。温度回升到 162 ℃后开始计时 5 h（在这个时间内保持温度 163 ℃ ± 1 ℃）。需要注意的是从开始到结束整个过程的时间上限是 5.25 h。

④结束加热后将盛样皿取出，将其放入干燥器中，待其冷却至室温后，随机称取其中任意两个盛样皿，得到 m_2，准确至 1 mg。有一点需要注意，不论是否需要测定盛样皿的质量损失，都应该对盛样皿进行冷却处理。

⑤在石棉网上放置盛样皿，再将放置盛样皿的石棉网放回烘箱中（温度为 163 ℃ ± 1 ℃）完成 15 min 的转动；然后，将石棉网和盛样皿取出，立即用适当的容器收集沥青残留物样品，并将其放置在加热炉上，在加热过程中可以进行适当的搅拌，使其达到流动状态。在针入度盛样皿或延度、软化点等盛样皿中放入热试样，并对各薄膜加热后残留物按规定方法进行相应的试验。如果试验不能在当天进行，应当将试样放置在规定的容器内，待其冷却后方可过夜，但是完成整个试验过程不能超过 72 h。

（三）试验结果计算

计算沥青薄膜加热后质量损失可以采用式（4-14），结果精确至 0.1，计算结果为负值代表质量损失，计算结果为正值代表质量增加。

$$L_T = \frac{m_2 - m_1}{m_1 - m_0} \times 100\% \qquad （4-14）$$

式中：L_T——试样薄膜加热质量损失；

m_0——试样皿质量；

m_1——盛样皿与试样在薄膜烘箱加热之前的质量和；

m_2——盛样皿与试样在薄膜烘箱加热之后的质量和。

沥青薄膜用烘箱加热后，计算试样薄膜加热后残留物针入度比可以采用式（4-15），也就是残留物针入度与原试样针入度的比值。

$$K_p = \frac{p_2}{p_1} \times 100\% \qquad (4\text{-}15)$$

式中：K_p——试样薄膜加热后残留物针入度比；

p_1——薄膜加热试验前原试样的针入度；

p_2——薄膜加热试验后残留物的针入度。

计算沥青薄膜加热后残留物软化点增值可以采用式（4-16）。

$$\Delta T = T_2 - T_1 \qquad (4\text{-}16)$$

式中：ΔT——试验后软化点增值；

T_1——试验前软化点；

T_2——试验后软化点。

第二节　沥青混合料的技术标准

一、沥青混合料的路用性能

（一）高温稳定性

沥青混合料是一种典型的材料，它具有黏性、弹性和塑性，随着温度的变化，沥青混合料的承载能力或模量也发生了改变，沥青混合料的承载力与温度之间呈现负相关。在高温条件下，沥青混合料会出现明显的变形；在长时间承受荷载作用后，沥青混合料也会出现明显的变形，其中有一部分变形不可恢复，时间久了自然就积累成了车辙，或者在路面上表现为波浪和拥包的形式。所谓的高温稳定性指沥青混合料在高温条件下可以对车辆的反复作用进行抵抗，抑制永久变形的产生，使沥青路面平整的特性得到保护。

（二）抗滑性

抗滑性在公路交通安全保障中非常重要，特别是在高速公路上，抗滑性的重要性更加凸显，因此，必须保证沥青路面的抗滑性。

影响沥青路面抗滑性的因素有很多，包括矿料自身、抗磨光性、颗粒形状与尺寸等。正因如此，应当选择碎石或破碎的碎砾石集料为沥青路面表层的粗集料，这些碎石或破碎的碎砾石集料不仅要表面粗糙、抗冲击好，而且要坚硬、耐磨、磨光值大。与此同时，沥青用量对抗滑性也有极大的影响，超过最佳用量的 0.5% 沥青路面的抗滑性就会显著降低，所以要严格控制沥青路面表层的沥青用量。

（三）施工和易性

在整个施工的各个工序中，要使沥青混合料的集料颗粒的分布状态尽可能地满足设计级配的要求，集料表面应完整覆盖沥青膜，并能将其压实，以达到规定的密度，这是实现良好施工和易性的必要条件。

材料组成是沥青混合料良好施工和易性的首要影响因素。确定好组成材料之后，矿料级配会对施工和易性产生一定的影响，沥青用量也会对施工和易性产生一定的影响。除此之外，施工条件也会对施工和易性产生一定的影响，例如，施工过程中要控制温度，温度过低就难以充分拌和沥青混合料，也难以达到所需的压实度；如果温度过高，将会导致沥青老化，可能会对沥青混合料的路用性能产生严重的影响。

现阶段，沥青混合料施工和易性的评价方法和指标还尚未成熟，较为常用的做法就是对材料的组成和配比进行严格的控制，结合现场的实际情况，依据经验进行相应的调控。根据我国各地施工经验，如表 4-5 所示，总结归纳了不同情况下对沥青混合料的温度要求。

表 4-5　沥青混合料的施工温度

沥青标号		AH-50 AH-70 AH-90 A-60	AH-110、AH-130 A-100、A-140 A-180	A-200
沥青加热温度		150 ~ 170℃	140 ~ 160℃	130 ~ 150℃
矿料温度	间歇式拌和机	比沥青加热温度高 10 ~ 20℃（填料不加热）		
	连续式拌和机	比沥青加热温度高 5 ~ 10℃（填料不加热）		

续表

沥青混合料出厂正常温度		140 ~ 165℃	125 ~ 160℃	120 ~ 150℃
混合料储料仓储存温度		储存过程中温度降低不超过10℃		
运输到现场温度		120 ~ 150℃		
摊铺温度	正常施工	110 ~ 130℃		
	低温施工	不低于120℃，不超过175℃		
碾压温度	正常施工	110 ~ 140℃，不低于110℃		
	低温施工	120 ~ 150℃，不低于110℃		
碾压终了温度	钢轮压路机	不低于70℃		
	轮胎压路机	不低于80℃		
	振动压路机	不低于65℃		

二、热拌沥青混合料的技术标准和体积参数

（一）热拌沥青混合料的技术标准

现行交通部行业标准《公路沥青路面施工技术规范》（JTG F 40-2004）中的热拌沥青混合料马歇尔试验技术标准根据交通性质将道路分成三个等级：高速公路、一级公路、城市快速路、主干道；其他等级公路及城市道路；行人道路。该标准对不同类型沥青混合料提出不同的马歇尔指标（包括稳定度、流值和残留稳定度等）要求。

（二）沥青混合料的体积参数

在这一行业标准里，除了马歇尔试验涉及的稳定度、流值（包括残留稳定度）之外，还提出了一些与混合料体积有关的指标，如孔隙率、饱和度及矿料间隙率等。所谓沥青混合料的体积参数，指在沥青混合料的研究和发展过程中，对压实后沥青混合料材料之间质量与体积的内容的反映。沥青混合料的体积参数显著影响了沥青混合料的路用性能，其决定因素包括以下几点：其一，沥青与矿料的性质；其二，组成材料的比例；其三，混合料的成型条件。在沥青混合料配合比设计的过程中，沥青混合料的体积参数发挥着至关重要的作用。

1. 沥青混合料密度

将沥青混合料试件压实单位体积的质量就是我们所说的沥青混合料的密

度。密度指标中会涉及不同的体积内容，针对这一情况我们对密度进行了多种形式的划分。

（1）沥青混合料理论最大密度

使用这一密度的前提是完全压实了沥青混合料，它是理想状态下（没有孔隙）的最大密度。可以采用以下几个公式对理论最大密度进行计算。

当沥青用量采用油石比（即沥青与矿料质量之比）表示时，理论最大密度通过式（4-17）来计算。

$$\rho_1 = \frac{100\% + P_a}{\dfrac{P_1}{\gamma_1} + \dfrac{P_2}{\gamma_2} + \cdots + \dfrac{P_n}{\gamma_n} + \dfrac{P_a}{\gamma_a}} \times \rho_w \qquad （4\text{-}17）$$

当沥青用量采用沥青含量表示时，理论最大密度通过式（4-18）来计算。

$$\rho_1 = \frac{100\%}{\dfrac{P_1'}{\gamma_1} + \dfrac{P_2'}{\gamma_2} + \cdots + \dfrac{P_n'}{\gamma_n} + \dfrac{P_b'}{\gamma_a}} \times \rho_w \qquad （4\text{-}18）$$

以上两式中：ρ_1——压实沥青混合料试件的理论最大密度，单位为 g/cm³；
P_1、P_2、$\cdots$、P_n——各种规格集料所占的比例；
各种集料总和为：

$$\sum_i^n P_i = 100\% \qquad （4\text{-}19）$$

γ_1、γ_2、$\cdots$、γ_n——各种规格集料的相对密度；
P_a——油石比；
P_b——沥青含量（沥青质量占沥青混合料总质量的百分比）；
P_1'、P_2'、$\cdots$、P_n'——各种集料所占的比例；
各规格集料与沥青之和为：

$$\sum_i^n P_i' + P_b = 100\% \qquad （4\text{-}20）$$

γ_a——沥青的相对密度；

ρ_w——常温水的密度。

（2）沥青混合料试件的表观密度

沥青混合料试件在规定条件下的单位表观体积的干质量就是沥青混合料试件的表观密度。定义里所说的单位表观体积由两部分组成：一部分是沥青混合料实体体积；另一部分是不吸水的内部闭口孔隙体积。水中重法几乎适用于所有不吸水的密级配沥青混合料的表观密度测定，式（4-21）为其主要的计算公式。

$$\rho_a = \frac{m_a}{m_a - m_w} \times \rho_w \qquad (4\text{-}21)$$

式中：ρ_a——沥青混合料试件的表观密度；

m_a——空气中沥青混合料干试件的质量；

m_w——水中沥青混合料试件的质量；

ρ_w——常温水的密度。

（3）沥青混合料试件的毛体积密度

沥青混合料单位毛体积的干质量就是沥青混合料试件的毛体积密度。沥青混合料单位毛体积包括三部分：一是沥青混合料实体矿物成分体积；二是能吸收水分的开口孔隙所占体积；三是不吸水的闭口孔隙所占体积。其计算方法是将三者求和。

表干法适用于较密实且吸水很少的试件的毛体积密度的测定，式（4-22）为其主要的计算公式。

$$\rho_b = \frac{m_a}{m_d - m_w} \times \rho_w \qquad (4\text{-}22)$$

式中：ρ_b——沥青混合料试件的毛体积密度；

m_d——空气中沥青混合料饱和面干试件；

m_a、m_w、ρ_w——含义同上式。

2. 沥青混合料的空隙率

在压实状态下，沥青混合料内矿料与沥青体积之外的空隙的体积占试件总体积的百分比就是沥青混合料的空隙率，它不包括矿料本身的空隙，也不包括矿料表面已被沥青封闭的空隙。相应计算公式为：

$$VV = \left(1 - \frac{\rho_s}{\rho_t}\right) \times 100 \qquad （4-23）$$

式中：VV——沥青混合料试件空隙率；

　　　　ρ_s——沥青混合料试件的表观密度或毛体积密度；

　　　　ρ_t——沥青混合料试件理论最大密度。

3. 沥青混合料的沥青体积百分率

沥青体积百分率指在压实条件下，沥青混合料试件总体积中沥青实体的体积所占的百分比。当采用油石比表示沥青混合料配合比时，按式（4-24）计算；当采用沥青含量表示沥青混合料的配合比时，按式（4-25）计算。

采用油石比表示：

$$VA = \frac{P_a \cdot \rho_a}{(100 + P_a)\gamma_a \cdot \rho_w} \times 100\% \qquad （4-24）$$

采用沥青含量表示：

$$VA = \frac{P_a \cdot \rho_a}{\gamma_a \cdot \rho_w} \times 100\% \qquad （4-25）$$

以上两式中：VA——沥青混合料试件的沥青体积百分比；

　　　　ρ_a、ρ_w、P_a、γ_a——意义同前面的式子。

4. 沥青混合料的矿料间隙率

压实沥青混合料试件的总体积中矿料实体以外的空间体积所占的百分比就是矿料间隙率。它由两部分组成：一部分是试件空隙率；另一部分是沥青体积百分率。其计算方法是将两者求和，式（4-26）为其计算公式。

$$VMA = VA + VV \qquad （4-26）$$

式中：VMA——沥青混合料试件的矿料间隙率；

　　　　VV——沥青混合料试件的空隙率。

5. 沥青混合料的沥青饱和度

在压实沥青混合料试件中，矿料骨架实体以外的空间体积中沥青实体体积所占的百分比就是沥青饱和度，也叫沥青填隙率。式（4-27）是其主要的计算公式。

$$VFA = \frac{VA}{VMA} \times 100\% = VFA = \frac{VA}{VA+VV} \times 100\% \qquad （4-27）$$

式中：VFA——沥青混合料试件的沥青饱和度；

VMA、VA、VV——意义同前式。

（三）热拌沥青混合料技术标准的发展变化趋势

随着公路建设的不断发展和对沥青混合料及沥青路面认识的不断深入，现行规范中有关沥青混合料的技术要求已不能完全满足当今路用性能发展的需要。因此，修订《公路沥青路面施工技术规范》已成为一项必要的工作。新规范就沥青混合料相关标准做了一定的变动。现将这些新内容列出，以便大家对沥青混合料的技术发展和未来的变化趋势有所把握。

1. 沥青混合料的高温稳定性指标

根据配合比设计沥青混合料时应该进行车辙实验检验，一般包括用于高速公路的沥青混合料、用于一级公路的沥青混合料、用于城市快速路的沥青混合料、用于主干路沥青路面上面层和中面层的沥青混合料。

如表 4-6 所示，沥青混合料车辙试验的动稳定度应当满足该技术要求。对于运煤专线、厂矿道路等交通量巨大、超载车辆过多的公路可以通过提高气候分区等级来提高对动稳定度的要求。对于旅游区道路，其主要以轻型交通为主，可以结合实际情况，将要求适当地降低。

表 4-6　沥青混合料车辙试验动稳定度技术要求

七月平均最高温度及气候分区	> 30℃（夏炎热区）				20 ~ 30℃（夏热区）				< 20℃（夏凉区）
	1-1	1-2	1-3	1-4	2-1	2-2	2-3	2-4	3-2
普通沥青混合料/（次/mm）	≥ 800		≥ 1 000		≥ 600		≥ 800		≥ 600
改性沥青混合料/（次/mm）	≥ 2 400		≥ 2 800		≥ 2 000		≥ 2 400		≥ 1 800

2. 沥青混合料的低温抗裂性指标

沥青混合料的低温弯曲试验对于沥青路面低温抗裂性的提高至关重要，低温弯曲试验的加载速度为 50 mm/min，试验温度为 -10 ℃。如表 4-7 所示，为沥青混合料低温弯曲试验破坏应变应满足的技术要求。

表 4-7　沥青混合料低温弯曲试验破坏应变技术要求

年极端最低温度及气候分区	＜ -37.0℃（严冬寒区）		-37.0 ～ -21.5℃（冬寒区）			-21.5 ～ -9.0℃（冬冷区）		＞ -9.0℃（冬温区）	
	1-1	2-1	1-2	2-2	3-2	1-3	2-3	1-4	2-4
普通沥青混合料 /（次 / mm）	≥ 2 600		≥ 2 300			≥ 2 000			
改性沥青混合料 /（次 / mm）	≥ 3 000		≥ 2 800			≥ 2 500			

3. 沥青混合料的水稳定性指标

沥青混合料应具有良好的水稳定性，在设计沥青混合料配合比和评价沥青混合料性能时，除了检验沥青与石料的黏附性等级之外，还应当根据要求在规定条件下进行以下试验：一个是沥青混合料的浸水马歇尔试验；另一个是冻融劈裂试验。

第三节　沥青混合料试验检测方法

一、压实沥青混合料密度试验

（一）表干法

1. 试验目的与适用范围

使用表干法可以对吸水率小于等于 2% 的 Ⅰ 型或较密实的 Ⅱ 型沥青混凝土、沥青玛琋脂碎石混合料试件、抗滑表层混合料等各种沥青混合试件的各项体积指标进行测定。

2. 试验方法与步骤

①将试件表面的浮粒去除,选用适宜的天平或电子秤对干燥试件的质量进行称重,得到 m_a,这里有一点需要注意,天平或电子秤的最大称量应该在试件质量的 1.25 倍到 5 倍之间。

②将网篮挂上,使其浸入溢流水箱中,对水位进行调节,调节天平至水平或复零,在网篮中放入试件使其保持 3 ~ 5 min 的浸水,注意在此期间不要晃动水箱,对水中的试件质量进行称量,得到 m_w。如果天平的读数一直处于变化状态,说明试件严重吸水,这种测定方法并不适用,应改用蜡封法。

③将试件从水中取出,将试件表面的水用洁净柔软的拧干湿毛巾轻轻擦拭,注意不能将空隙内的水吸走,对试件的表干质量进行称量,得到 m_f。

3. 试验结果计算

①试件的吸水率的计算,结果保留到小数点后一位。计算试件的吸水率可以采用式(4-28),也就是沥青混合料毛体积中试件吸水体积所占的百分比。

$$S_a = \frac{m_f - m_a}{m_f - m_w} \times 100\% \qquad (4\text{-}28)$$

式中:S_a——试件的吸水率;

m_a——干燥试件的空气中质量;

m_w——试件的水中质量;

m_f——试件的表干质量。

②试件的毛体积相对密度的计算和试件的毛体积密度的计算,结果保留到小数点后三位。在计算的过程中主要分为以下两种情况:一种是试件的吸水率 $S_a < 2\%$ 时,计算试件的毛体积相对密度可以运用式(4-29),计算试件的毛体积密度可以运用式(4-30);另一种是试件的吸水率 $S_a > 2\%$ 时,对试件毛体积相对密度和毛体积密度的测定就应当选用蜡封法了。

$$\gamma_f = \frac{m_a}{m_f - m_w} \qquad (4\text{-}29)$$

$$\rho_f = \frac{m_a}{m_f - m_w} \times \rho_w \qquad (4\text{-}30)$$

式中：γ_f——试件毛体积相对密度，无量纲；

　　　ρ_f——试件毛体积密度；

　　　ρ_w——常温水的密度。

③计算试件的空隙率可以采用式（4-31），注意结果保留到小数点后一位。

$$VV = \left(1 - \frac{\rho_f}{\rho_t}\right) \times 100\% \qquad (4\text{-}31)$$

式中：VV——试件的空隙率；

　　　ρ_t——沥青混合料理论最大密度。

④计算试件的理论最大密度可以采用式（4-32），结果保留到小数点后三位，这一计算方法的前提条件是沥青用量以油石比计算。

$$\rho_t = \frac{100\% + P_a}{\dfrac{P_1}{\gamma_1} + \dfrac{P_2}{\gamma_2} + \cdots + \dfrac{P_n}{\gamma_n} + \dfrac{P_a}{\gamma_a}} \qquad (4\text{-}32)$$

式中：P_a——油石比；

　　　γ_a——沥青的相对密度；

　　　$P_1 \cdots P_n$——矿料总质量中各种矿料所占的百分比；

　　　$\gamma_1 \cdots \gamma_n$——各种矿料对水的相对密度。

计算试件的理论最大相对密度可以采用式（4-33），这一计算方法的前提条件是沥青用量以沥青含量计量。

$$\rho_t = \frac{100\%}{\dfrac{P_1'}{\gamma_1} + \dfrac{P_2'}{\gamma_2} + \cdots + \dfrac{P_n'}{\gamma_n} + \dfrac{P_b}{\gamma_a}} \times \rho_w \qquad (4\text{-}33)$$

式中：P'_1、P'_2、$\cdots$、P'_n——沥青混合料总质量中各种矿料所占的百分比；

$\qquad P_b$——沥青含量；

其他同上。

⑤计算试件中沥青的体积百分率，结果保留到小数点后一位。

当沥青以油石比计算时：

$$VA = \frac{P_a}{P_a + 100} \times \frac{\rho_f}{\gamma_a \cdot \rho_w} \times 100\% \qquad (4\text{-}34)$$

当沥青以沥青含量计算时：

$$VA = \frac{P_a \cdot \rho_f}{\gamma_a \cdot \rho_w} \times 100\% \qquad (4\text{-}35)$$

式中：VA——沥青混合料试件的沥青体积百分率；

其他同上。

⑥计算试件中的矿料间隙率可以采用式（4-36）。

$$VMA = VA + VV \qquad (4\text{-}36)$$

式中：VMA——沥青混合料试件的矿料间隙率。

⑦计算试件的沥青饱和度可以采用式（4-37），计算结果保留到小数点后一位。

$$VFA = \frac{VA}{VA + V} \times 100\% \qquad (4\text{-}37)$$

式中：VFA——沥青混合料试件的沥青饱和度。

（二）水中重法

1. 试验目的与适用范围

水中重法常应用于以下几项体积指标的测定：密实的Ⅰ型沥青混合料试件（几乎不吸水）的表观相对密度或表观密度、沥青混合料试件的空隙率和矿料间隙。

2.试验方法与步骤

①将试件表面的浮粒去除，选用适宜的天平或电子秤对干燥试件的空气中质量进行测量，得到 m_a，这里有一点需要注意，天平或电子秤的最大称量应该在试件质量的 1.25 倍到 5 倍之间。读数精确到 0.1 g、0.5 g 或 5 g。

②将网篮挂上，使其浸入溢流水箱中，对水位进行调节，调节天平至水平或复零，在网篮中放入试件，注意在此期间不要晃动水箱，待天平稳定后立即对天平进行读数，得到 m_w。如果天平的读数一直处于变化状态，说明试件严重吸水，这种测定方法并不适用，应改用蜡封法。

③可以对路上钻取的非干燥试件的水中质量进行称量，得到 m_w，然后将试件用电风扇吹干（$\geqslant 12$ h），待其重量不再改变时称取空气中质量，得到 m_a。有一点需要注意，如果不存在后续试验，也可以用烘箱将其烘干，烘箱温度一般控制在 60 ℃ ±5 ℃。

3.试验结果计算

①此种方法测定的沥青混合料试件的表观相对密度的计算可以采用式（4-38），此种方法测定的沥青混合料试件的表观密度的计算可以采用式 4-39，要求计算结果保留到小数点后三位。

$$\gamma_a = \frac{m_a}{m_a - m_w} \qquad (4\text{-}38)$$

$$\rho_s = \frac{m_a}{m_a - m_w} \times \rho_w \qquad (4\text{-}39)$$

式中：γ_a——试件的表观相对密度，无量纲；

ρ_s——试件的表观密度；

m_a——干燥试件的空气中质量；

m_w——试件的水中质量；

ρ_w——常温水的密度。

②特殊情况下可以用表观密度代替毛体积密度，特殊情况指试件为几乎不吸水的密实沥青混合料。

（三）蜡封法

1. 试验目的与适用范围

使用蜡封法可以对吸水率大于 2% 的沥青混凝土试件的毛体积相对密度或毛体积密度、沥青碎石混合料试件的毛体积相对密度或毛体积密度进行测定。

2. 试验方法与步骤

①将试件表面的浮粒去除，选用适宜的天平或电子秤对干燥试件的空气中质量进行称量，得到 m_a，这里有一点需要注意，天平或电子秤的最大称量应该在试件质量的 1.25 倍到 5 倍之间。读数精确到 0.1 g、0.5 g 或 5 g。如果非干燥试件是通过钻芯法获取的，则不能使用烘干法将其烘干，而应当选用电风扇吹干（> 12 h）至恒重。

②将试件放置到温度在 4 ~ 5 ℃ 的冰箱中进行冷却，冷却时间≥ 30 min。将石蜡加热至其熔点以上 5.5 ℃ ±0.5 ℃。将试样从冰箱中取出立即在石蜡液中浸泡，直到石蜡将其表面全部封住后将试件迅速取出，放置在常温下 30 min，对蜡封试件的空气中质量进行称量，得到 m_p。

③将网篮挂上，使其浸入溢流水箱中，对水位进行调节，调节天平至水平或复零，在网篮中放入蜡封试件浸水约 1 min，待天平稳定后立即对天平进行读数，得到 m_c。

④运用蜡封法确定石蜡对水的相对密度有以下步骤。

a. 取一块重物，如一块铅、一块铁等，对其空气中质量进行称量，得到 m_g；

b. 对重物的水中质量进行测定，得到 m'_g，再对蜡封后的重物的水中质量进行测定，得到 m'_d；

c. 按上述试件蜡封的步骤将干燥后的重物进行蜡封，并对其空气中质量进行测定，得到 m_d。石蜡对水的相对密度的计算可以采用式（4-40）。

$$\gamma_p = \frac{m_d - m_g}{\left(m_d - m_g\right) - \left(m'_d - m'_g\right)} \qquad (4\text{-}40)$$

式中：γ_p——在常温条件下石蜡对水的相对密度；

m_g——重物的空气中质量；

m'_g——重物的水中质量；

m_d——重物蜡封之后的空气中质量；

m'_d——重物蜡封之后的水中质量。

⑤在进行密度测定之后，如果试件还需要进行其他试验，为了使石蜡去除更加便捷，可以将薄层滑石粉提前涂在干燥试件表面，对涂滑石粉后的试件质量进行称量，得到 m_a，然后再蜡封测定。

3. 试验结果计算

①对试件的毛体积密度的计算，计算结果保留到小数点后三位。采用蜡封法测定试件毛体积密度时可以依据式（4-41）进行计算。

$$\rho_f = \frac{m_a}{m_p - m_c - (m_p - m_a)/\gamma_p} \cdot \rho_w \qquad (4\text{-}41)$$

式中：ρ_f——蜡封法测定的试件毛体积密度；

m_a——试件的空气中质量；

m_p——蜡封试件的空气中质量；

m_c——蜡封试件的水中质量。

ρ_w——常温水的密度；

其他同上。

②采用蜡封法测定涂滑石粉的试件毛体积密度，可以依据式（4-42）进行计算。

$$\rho_f = \frac{m_a}{m_p - m_c - \left[\dfrac{m_p + m_a}{\gamma_p} + \dfrac{m_s + m_a}{\gamma_s}\right]} \cdot \rho_w \qquad (4\text{-}42)$$

式中：ρ_f——蜡封法测定的试件毛体积密度；

m_s——涂滑石粉以后试件的空气中质量；

γ_s——滑石粉对水的相对密度；

其他同上。

二、沥青混合料中沥青含量试验

（一）离心分离法

1. 试验步骤

①将三氯乙烯溶剂注入装有试样的烧杯中并浸没试样，浸泡 30 min，也可以将试样直接浸泡在离心分离器中，为了使沥青溶解得更加充分，可以用玻璃棒对试样进行适当的搅拌。

②在离心分离器中加入混合料及溶液，并加入烧杯及玻璃棒上的黏附物，这一过程可以借助少量的溶剂。

③对洁净的圆形滤纸进行称量，读数精确到 0.01 g。有一点需要注意，不宜反复使用滤纸，不能使用有破损的滤纸，当滤纸上黏附有石粉时应当用毛刷对其进行清除。

④在离心分离器边缘垫上滤纸，加盖紧固，将回收瓶放置在离心分离器的出口处，注意将上口进行密封处理，防止流出液成雾状散失。

⑤启动离心分离器，逐渐增加转速直到 3 000 r/min，通过排出口将沥青溶液注入回收瓶中，等待沥青溶液不再流出后关闭离心机。

⑥将新溶剂从上盖的孔中注入离心分离器中，数量与第一次大体相同，等待 3 ~ 5 min，再重复进行上述操作，经过多次重复，直到流出清澈的淡黄色的滤液为止。

⑦将上盖卸下，再将圆形滤纸取下，并进行蒸发（一般放置在通风橱或室内空气中）、干燥（一般放置在烘箱中，烘箱温度保持在 105 ℃ ±5 ℃），然后对其质量进行称量，其增重部分（m_2）为矿粉的一部分。

⑧仔细取出容器中的集料，同样进行蒸发（一般放置在通风橱或室内空气中）、烘干（一般放置在烘箱中，烘箱温度保持在 105 ℃ ±5 ℃，时间大约为 4 h）、冷却（一般放置于大干燥器中），待其冷却至室温后对集料进行称量，得到 m_1。

⑨用压力过滤器对回收瓶中的沥青溶液进行过滤，泄漏入滤液中的矿粉可以通过滤液的增重得出，记为 m_3，除此之外，也可采用燃烧法对其进行测定。

⑩采用燃烧法对滤液中矿粉质量进行测定的步骤如下。

a. 在量筒中倒入回收瓶中的滤液，准确定量至 20 mL（V_a）。

b. 将滤液充分搅匀，在坩埚中放入从中取出的滤液 10 mL（V_b），以热浴法进行适当的加热，待出现暗黑色溶液试样之后，将其移入高温炉烧成残渣，高温炉的温度一般保持在 500 ~ 600 ℃，将坩埚取出，进行冷却处理。

c. 按 1 g 残渣 5 mL 的用量向坩埚中注入碳酸铵饱和溶液，静置 1 h，放入烘箱中进行干燥，烘箱温度一般保持在 105 ℃ ±5 ℃。

d. 将坩埚取出放置于干燥器中，待冷却后对残渣的质量进行称量，得到 m_4，精确至 1 mg。

2. 试验结果计算

①计算沥青混合料中矿料的总质量可以采用式（4-43）。

$$m_a = m_1 + m_2 + m_3 \qquad （4-43）$$

式中：m_a——矿料的总质量；

　　　m_1——容器中留下的集料干燥质量；

　　　m_2——试验前后圆形滤纸的增重；

　　　m_3——泄漏入滤液中的矿粉质量；

采用燃烧法计算泄漏入滤液中的矿粉质量可以运用式（4-44）。

$$m_3 = m_4 \times \frac{V_a}{V_b} \qquad （4-44）$$

式中：V_a——滤液的总体积；

　　　V_b——取出的燃烧干燥的滤液体积；

　　　m_4——坩埚中燃烧干燥的残渣质量。

②计算沥青混合料中的沥青含量可以采用式（4-45），计算沥青混合料的油石比可以采用式（4-46）。

$$P_b = \frac{m - m_a}{m} \qquad （4-45）$$

$$P_a = \frac{m - m_a}{m_a} \qquad （4-46）$$

式中：m——沥青混合料的总质量；

　　　P_b——沥青混合料的沥青含量；

P_a——沥青混合料的油石比。

③同一沥青混合料至少进行两次平行试验。

（二）回流式抽提仪法

1. 试验步骤

①对抽提仪进行检查，检查其是否全部装妥。将进水阀打开，在冷凝器中加入冷水，充满后不断由排水阀流出。

②将电路接通，将抽提筒内的溶剂加热至沸腾，其蒸气上升遇冷凝器冷凝后滴入铜网筛筒溶洗混合料试样的沥青中，并通过滤纸流至抽提筒内。多次重复上述溶洗过程，待完全溶解洗净试样中的沥青为止。

③将电源关闭，终止抽提，待其冷却后将进水阀关闭、将冷凝器取下，取出铜网筛筒晾干（置于通风橱内），在干净的金属盘中放置装有矿料的滤纸筒，并烘干至恒重，烘干过程一般在烘箱中进行，烘箱温度一般保持在105 ℃ ±5 ℃，时间约为4 h。

④对烘干的矿料进行称量，得到 m_2，对带有矿粉的滤纸筒、脱脂棉进行称量，得到 m_3。

⑤对抽提溶液中的矿粉质量进行测定，步骤如下。

a. 充分搅拌抽提筒中的抽提溶液，将其倒入量筒之中，并多次摇洗抽提筒，每次运用少量溶剂，并将这些溶剂倒入量筒中，对量筒中抽提液的体积进行记录，得到 V_1，精确至1 mL。

b. 将量筒内的抽提液搅匀，在一个质量为 m_4 的磁蒸发皿中加入约10 mL的溶液，并对量测部分的抽提溶液的体积进行记录，得到 V_2。

c. 适当加热蒸发皿（一般将其放置于电热板或沙浴上），使溶剂蒸发、干燥。

d. 在高温炉内加热蒸发皿，直至蒸发皿呈现暗红色，再将其冷却至室温。

e. 按1 g残余物约5 mL的用量将饱和碳酸铵溶液注入蒸发皿中，将蒸发皿中的残余物在室温下浸渍1 h，然后烘干至恒重。

f. 在干燥器中冷却蒸发皿（恒重），然后对其质量进行称量，得到 m_5。

2. 试验结果计算

①计算沥青路面或混合料试样的沥青含量可以运用式（4-47）。

$$P_b = \frac{(m-m_0)-m_2-(m_3-m_1)-m_6}{m-m_0} \times 100\% \qquad （4-47）$$

式中：P_b——试样的沥青含量；

$\qquad m$——试样的质量；

$\qquad m_0$——试样中水分含量；

$\qquad m_1$——滤纸筒及脱脂棉质量；

$\qquad m_2$——抽提后矿料的质量；

$\qquad m_3$——抽提后黏附有矿粉的滤纸筒和脱脂棉质量；

$\qquad m_6$——抽提溶液中的矿粉质量。

计算抽提溶液中的矿粉质量可以运用式（4-48）。

$$m_6 = m_7 \times \frac{V_1}{V_2} \qquad （4\text{-}48）$$

m_7——10 mL 试验部分抽提溶液中矿粉的质量（$m_5 - m_4$）；

V_1——抽提溶液的全部体积；

V_2——用于量测部分的抽提溶液体积。

②如果将煤沥青路面作为试样，可以运用公式（4-49）修正煤沥青含量。

$$P_B = P_b \left(1 + \frac{P_c}{100 - P_c} \right) \qquad （4\text{-}49）$$

式中：P_B——煤沥青混合料中的煤沥青含量；

$\qquad P_c$——煤沥青中游离碳含量。

其他同上。

③同一试样至少进行两次平行试验。

第五章　高速公路沥青路面的病害问题

对路面病害的准确判断是制订维修方案的关键，故沥青路面维修前需对病害路面进行深入调查和成因分析。沥青路面病害的成因比较复杂，由于环境、气候条件、行车荷载等不同，病害的情况也不同。只有准确认识沥青路面病害的主要形式以及成因，才能有效实现路面整治，更好地发挥道路的功能。本章分为沥青路面的车辙病害与处置、沥青路面的水损害与处置、沥青路面的裂缝类病害三部分。

第一节　沥青路面的车辙病害与处置

一、沥青路面车辙病害

车辙的出现会使路面使用性能大大降低，也会使路面的使用质量和服务寿命受到严重的影响，其危害主要体现在以下几个方面。

①对路面平整度造成了影响，从而降低了行车的舒适性。

②使得面层和路面结构整体强度下降，从而导致路面使用寿命不断缩短。

③如果某些路段存在较大的辙槽，那么在此处车辆变向将会变得很难控制，从而对车辆的操控稳定性造成影响。

④雨天时路表排水不畅，使得路面抗滑能力大大降低，车辆漂滑、冰滑等现象极易发生，这会对高速行车安全造成影响。

（一）车辙类型

对沥青路面的车辙进行划分，可以将其分为四种类型，即结构性车辙、流动性车辙、磨耗性车辙和压实性车辙。

对相关的路面材料和结构情况进行分析，可以发现车辙的发生可以在一层内，也可以在多层内。如果面层质量差（如较差的混合料设计、施工质量不良等），车辙可能只发生在面层上部的 50 ~ 70 mm 内。如果结构设计不当或结构承受超出其承载力的荷载作用，车辙可能发生在更下层，甚至土基里面。在渠化交通的重交通道路上，如果采用的沥青路面基层是半刚性的，那么沥青面层将会是车辙发生的主要层面。

在我国，基层基本上采用水泥稳定碎石、二灰碎石等半刚性材料，由于半刚性基层强度高、板体性好，在荷载作用下的永久变形非常微小，所以，我国高速公路沥青路面所见到的车辙基本上属于流动性车辙和压实性车辙。其他两种车辙比较少见。实验结果表明：对于沥青路面的车辙，沥青层的永久变形会起到决定性作用。

（二）车辙病害形成机理

经过大量的调查研究发现，车辙形成可以分为三个阶段，如图 5-1 所示。

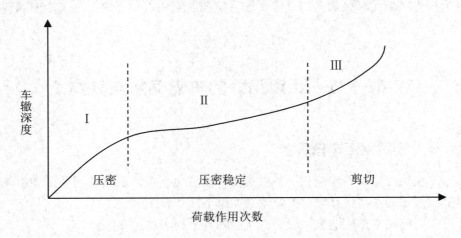

图 5-1　沥青路面在行车荷载反复作用下的车辙发展

1. 后续交通压实

对于沥青混合料而言，以粗、细集料和矿粉、沥青作为主要成分的松散混合物是其碾压成型前的状态。在压路机的碾压作用下，处于半流动状态的混合料被逐渐压密，并且形成了三相体的结构，而这一结构的主要组成成分就是矿料、沥青、空隙。然后，在汽车荷载作用下，微量的永久变形将得以形成。

此外，在开放交通后，车辆对路面的作用会导致以下两种结果：第一，在逐渐压密的情况下，混合料愈加稳定；第二，出现失稳流动性车辙。

2. 沥青混合料的流动变形

高温下的沥青混合料是一种半固体的状态，并且它是以黏性为主。受车辆荷载作用的影响，沥青及沥青胶浆将处于一种自由流动的状态，在这种情况下，路面的受载处会出现压缩变形。

3. 沥青混合料的结构性失稳变形

轮迹两侧的隆起是这里所提到的失稳变形的主要表现。在压密和剪切变形的综合作用下，沥青路面结构层以及基层发生了一定的改变。道路研究者对车辙的形成过程进行了总结，结果发现：在道路的初始阶段，相比于两侧的隆起，轮胎下方的永久变形更为明显。

（三）车辙的影响因素分析

对车辙的影响因素进行划分，可以分为两部分，即内因和外因，其中，沥青混合料材料本身和沥青路面结构设计属于内因，而相关的外界因素则属于外因，如气候、交通、施工等，具体如图 5-2 所示。

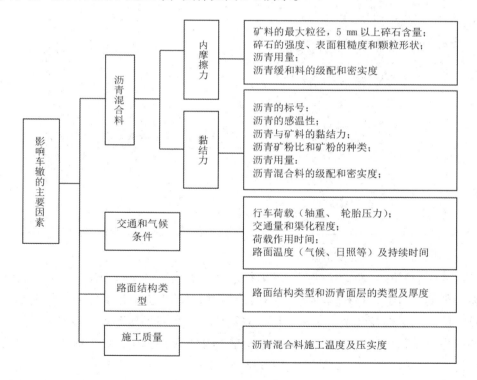

图 5-2 车辙的影响因素

下面选取其中的几个影响因素进行具体的分析和说明。

1. 沥青混合料材料组成对车辙的影响

根据相关经验，可以归纳总结出影响沥青路面车辙的因素，如表 5-1 所示。

表 5-1　影响沥青路面车辙的因素

影响因素		因素变化	车辙深度
集料	表面纹理	光滑→粗糙	减小
	形状	圆→角砾	减小
	尺寸	最大粒径增加	减小
结合料	劲度	增加	减小
	用量	增加	增加
	黏度	增加	减小
混合料	空隙率	增加	增加
	VMA	增加	增加
荷载	大小	增加	增加
	作用次数	增加	增加
环境条件	作用次数	增加	增加
	温度	增加	增加
	湿度	增加	一般增加
路面结构类型	基层类型	柔性基层，半刚性基层	不定
	面层类型	SMA，AC 等	不定
	面层厚度	提高	一般增加
施工质量	混合料施工温度	提高	一般减小
	压实度	提高	减小

（1）矿质材料性质的影响

从矿质材料与沥青的相互作用就可以充分看出其性质对沥青混合料高温性能的影响。对于矿物材料而言，它往往有着粗糙的表面、近似立方体的形状以及较低的扁平颗粒含量，集料易形成嵌挤结构，有利于沥青混合料抗车辙性能的提高。某些矿质材料和沥青在一起会起到化学吸附作用，而就此类矿质材料而言，它可以推动沥青混合料的抗变形能力进一步提高。

就集料来讲，其粗糙面和棱角性发挥着重要作用，把过多的破碎砾石掺加到集料中将不利于抵抗车辙，因为在这种情况下，其棱角的缺失会导致变形现象极易出现。同样天然砂的用量过多，也将影响嵌挤作用。

较差的集料与沥青之间的黏结性会导致水稳定性极易丧失而使沥青剥离，

116

同时也会因黏结力小而使得高温稳定性弱，进而使车辙变形较大。

（2）沥青性质及其用量的影响

沥青黏度对混合料的抗车辙性能有较大影响，黏度越大，抗车辙能力越高。另外，沥青中含蜡量偏高，对沥青混合料车辙性能有不利影响。蜡在高温时熔化，会使沥青黏度降低，影响沥青高温稳定性，增大沥青的温度敏感性；蜡使沥青与集料的亲和力变小，影响沥青的黏结力及抗水剥离性。

2. 结构因素的影响

结构因素包括沥青面层厚度与组合、基层类型和厚度、层间结合情况，各因素均对沥青路面车辙的产生有影响。传统观点认为，沥青层越厚，车辙发生率越高，柔性基层路面更有可能产生车辙。因此，"强基薄面"是我国长期采用的设计理念，并且我国道路路面始终以半刚性基层沥青路面为主。

研究表明，在荷载作用下，半刚性基层沥青路面结构内产生的最大剪应力在路面深度 4 ~ 6 cm 处，该深度刚好处在沥青路面的沥青层厚度范围内，因此可以认为半刚性基层沥青路面的车辙变形主要局限于沥青层内。

另外力学分析表明，车载作用下引起的路面结构内最大剪应力的大小与层间模量比有关。面层与基层之间模量差别越大，路面结构内的剪应力越大，路面越容易出现车辙，面层与基层之间模量差别较大可能也是我国半刚性基层沥青路面车辙变形较大的原因之一。

3. 交通条件

对于沥青路面的高温性能，交通条件方面的主要影响因素有车辆荷载、行车速度、渠化交通等。

（1）车辆荷载

关于车辆荷载对沥青路面高温车辙的影响，具体来讲，就是车辆荷载越大，车辙产生的可能性越大，特别是重载车、超载车对沥青路面的变形起到了加速作用。根据美国环路试验，车辆对路面的破坏作用与荷载的 N 次方成正比。

有研究表明，对常见的典型沥青路面结构，当荷载增加 50% 时，所产生的车辙为正常荷载作用下的 2 倍。对相关资料进行分析，可以发现一般情况下，车辆在沥青路面正常行驶的过程中，摩擦系数为 0.01 ~ 0.05，而在制动或驱动过程中则增至 0.5 ~ 1.0，即水平摩擦力增加了 20 ~ 50 倍，这样会在路面中引起更大的剪应力，进而造成"马蹄形"推移裂缝。

（2）行车速度

在荷载的持续时间上可以反映出行车速度对沥青路面永久变形的影响。车辆行车速度越慢，荷载作用时间越长，具有黏弹性的沥青混合料不可恢复的黏性变形越大，相同交通量所引起的路面永久变形越大。

在同一条公路上，严重车辙往往发生在纵坡较大的路段上，其主要有两方面原因：①汽车行驶在较大纵坡路段时，车辆行驶速度降低，荷载作用时间长；②汽车荷载自重引起的面层内部的剪切分量随着纵坡的增大而增大，导致路面出现严重的永久变形。

（3）渠化交通

渠化交通使车辆荷载反复作用于轮迹带上，从而使沥青路面的凹陷变形速度进一步加快，形成与轮距相近的两个辙槽。这也是为什么渠化交通特点明显的高速公路车辙比较严重的原因。

二、车辙病害处置

我国高速公路广泛使用了半刚性基层沥青路面，有关的调查结果及理论计算表明，从数量的角度看，90% 以上的车辙都是半刚性基层沥青路面面层产生的永久变形。车辙是沥青路面特有的一种损坏现象，经常发生在沥青路面的两个轮迹带上。

高速公路上不同程度的车辙对行车安全的影响如表 5-2 所示。

表 5-2　不同程度的车辙对行车的影响

程度	表征
轻微	车辙深度小于 6 mm；水漂和潮湿时期的事故不多
中等	车辙深度在 7 ~ 12 mm，横坡不合适将导致水漂和在潮湿时期的事故增多
严重	车辙深度大于 13 mm，水漂和潮湿时期的事故明显增多

美国联邦公路管理局在 1979 年按车辙的严重程度将车辙划分为以下四个等级：①水滑现象（5.0 ~ 6.5 mm）；②轻微车辙（6.5 ~ 13.0 mm）；③中等车辙（13.0 ~ 25 mm）；④严重车辙（> 25.0 mm）。

有学者认为，车辙深度小于 10 mm 对路面结构强度没有明显影响。良好的路面行驶质量，车辙深度与车辙宽度之比不应超过 2%。

从安全角度考虑，为避免车辙内的积水使行驶在路面上的车轮打滑，产生水漂现象，参考国外标准，小于等于 15 mm 是我国对高速公路和一级公路车辙深度的要求。世界各国沥青路面车辙深度的控制标准如表 5-3 所示。

表 5-3　各国沥青路面车辙深度控制标准

国家		车辙深度标准 /mm	路面状态
英国		10	路面临界状态，需采取恢复路面使用性能的措施
		20	路面破坏状态，必须采取措施恢复路面应有的性能
美国	沥青协会	13	路面临界状态
	AASHTO	15	路面使用性能临界状态
	Shell	10	高速公路临界值
		30	低速公路临界值
日本		20	需要加铺性能恢复层
中国		15	高速公路、一级公路路面临界状态

必须有效处置那些超过一定深度且对道路使用功能产生一定影响的车辙。一般而言，有三种车辙的处置方案，具体如下。

①铣刨方案。对辙槽两边的隆起部分做铣刨去除处理，恢复路表的平整度，该方案施工速度快、成本小，但路表结构遭扰动，易受水和车载的作用而出现病害，应用较少。

②填补方案。填补辙槽凹陷部分，恢复平整度，成本较大，但使用效果好。

③以上两种方案的结合。也就是对辙槽两边的隆起部分做铣刨去除处理，并对凹陷部位进行填补。在车辙病害处置中，常用的此类结合技术就是微表处。

（一）修复车辙的微表处技术

高速公路沥青路面车辙病害分布范围广，不同位置处的车辙深度不同，因此，要采取的修复方案也会有所不同。举例来讲，采用铣刨后重新铺筑表面层的方案需要有较多的人员、设备和材料以及较高的修补费用。而采用微表处技术可以有效修复的车辙厚度达 38 mm，处置效果稳定，不易产生塑性变形，可以显著提高路面的使用性能和耐久性，具有施工简单快捷、开放交通快、成本低廉的特点，可以说它是一种可以不用铣刨方案来实现车辙问题的最有效、最经济的手段之一。

微表处技术是把由聚合物改性乳化沥青、100% 轧碎石料、矿物填料、水和必要的添加剂组成的混合料，使用专门的施工设备边拌和、边摊铺的一种道路养护技术。欧洲在 20 世纪 70 年代，就已经出现了微表处技术。1980 年，该技术在美国得到推广。此后，许多国家开始使用这种技术对重交通道路进行表面整修和填补车辙。微表处技术是一种预防性养护方法，相关文件规定：微表处技术主要用于高速路和一级公路预防性养护以及填补轻微车辙。

（二）车辙病害状况调查

修补高速公路车辙前，首先必须对原路面进行综合的路况调查，包括原路面的强度及刚度、整体的稳定性、有无其他病害等，并且要做好记录。如果车辙的深度不同，其处理方法也会有所差异，因此要对不同车辙路段以及原路面的病害进行统计，依此确定车辙的维修方案。

我国的相关文件规定，当车辙的深度大于 15 mm 时，适宜采用单层微表处处理；分两层摊铺或先用 V 字形车辙摊铺箱摊铺的处理方法适用于车辙深度超过 15 mm 的情况；微表处处理不适用于车辙深度大于 40 mm 的情况。将国内外车辙标准作为参考，以不同的车辙深度为依据对车辙程度进行划分，可以将其分为四类，即轻微车辙、中度车辙、严重车辙、超限车辙，具体如表 5-4 所示。

表 5-4 车辙程度划分

车辙类型	车辙深度 /mm	凹陷深度 /mm
轻微车辙	< 10	≤ 8.0
中度车辙	10 ~ 15	> 8.0, ≤ 11.0
严重车辙	15 ~ 25	> 9.5（隆起高度）
超限车辙	25 ~ 40	—

（三）微表处材料的选用

1. 改性乳化沥青

改性乳化沥青在微表处技术中主要起黏结作用，因此改性乳化沥青必须符合国家规定的技术要求。微表处应采用慢裂快凝、聚合物改性阳离子乳化沥青，改性乳化沥青技术要求如表 5-5 所示。此外，改性乳化沥青还应符合级配集料的拌和要求，即在拌和摊铺过程中稀浆混合料必须均匀、不破乳、不离析，处于良好的流动状态。

表 5-5 改性乳化沥青技术要求

技术指标	要求
蒸馏试验残留物	≥ 62%（138 ℃）

技术指标	要求
残留物针入度	40 ~ 90（25 ℃）
软化点	≥ 57 ℃
动力黏度	≥ 650 cst/sec（135 ℃）

在低温下施工或采用酸性石料时，宜采用阳离子乳化沥青；与水泥石灰共同使用或采用碱性石料时，宜采用阴离子乳化沥青。改性乳化沥青的制备方法：应先用改性剂对沥青进行改性再将改性沥青在乳化机中进行乳化。

2. 集料

高速公路微表处混合料包括粗集料、细集料、填料等。其中，粗集料应洁净、干燥、无风化、无杂质，具有足够的强度、耐磨耗。此类集料选用的具体技术要求如表 5-6 所示。

表 5-6　粗集料技术要求

技术指标	要求
砂当量值	≥ 65
安定性	≤ 15%（Na_2SO_4）或 25%（$MgSO_4$）
抗磨性	≤ 30%

3. 混合料试验设计

用于微表处的材料必须经过仔细的设计以保证各种材料能够结合在一起发挥其使用性能。遵照"一个工程，一套设计"的原则，每个微表处工程都必须根据该工程所在地的原材料情况、气候条件、交通量情况、原路面状况等因素进行配合比设计。

（1）集料配合比设计

根据交通量大小、原路况的抗滑、车辙深度等情况，选择符合规定的各种矿料、填料，通过筛分试验确定集料的配合比。

（2）混合料室内试验

根据混合料的室内试验，确定混合料的最佳配合比。微表处的固化是一个化学反应过程，材料的选择和混合料的设计对该过程极为重要。通过现场调整用水量、矿料用量以及添加剂用量就可以控制乳化沥青的破乳时间，从而确定何时开放交通，具体实施过程中可以根据温度、湿度以及路面构造进行适当改变。

（四）微表处修复车辙的施工

微表处修复车辙施工前，应确保路面干燥洁净并且已经完成了所有必要的修复和重建工作。微表处修复车辙施工的天气条件：地表温度大于 10 ℃，气温高于 7 ℃并持续上升时可以施工；24 h 内如果有霜冻的可能性时应避免施工；雨后路面积水未干或积水未清除前不可以施工。

微表处修复沥青路面车辙的施工工艺包括路面预处理施工准备，车辙修补，接缝的处理，早期养护与开放交通。微表处修复车辙施工所用的设备有铣刨机、运输车、清扫车、稀浆封层车、宽度可调摊铺槽、专用 V 形摊铺机、压路机等。

第二节　沥青路面的水损害与处置

一、沥青路面水损害

对于我国的大部分高速公路沥青路面而言，最主要的损害形式就是水损害，其中最为严重的就是多雨潮湿地区的高速公路。水损害的主要表现包括松散、坑槽、辙槽、沉陷等，此外，较差的路面平整度以及较低的路面使用质量和服务水平也是它的主要特征。

（一）水损害形式

在路面上，引起水损害的根本原因就是水，以进入路面的水源为依据对水损害进行划分，可以分为四类，如图 5-3 所示。

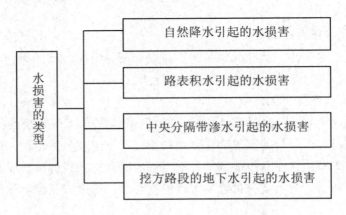

图 5-3　水损害的类型

以病害的表现形式为依据，对水损害进行划分，可以分为以下六种：麻面、松散、坑槽、辙槽、唧浆、形变和网裂。

（二）水损害的影响因素分析

从沥青混合料抗水损害能力方面考虑，沥青混合料水稳定性的影响因素主要包括沥青混合料的性质、路面结构、施工、气候，如图 5-4 所示。

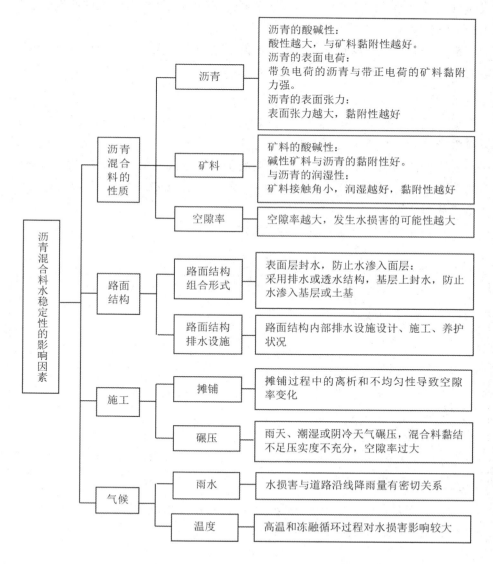

图 5-4 沥青混合料水稳定性的影响因素

下面选取其中的几个影响因素进行具体的分析和说明。

1. 沥青

沥青与矿料之间黏附性的优劣，不仅与沥青及矿料的性质有关，而且当二者相结合时，还与其界面层的性质有很大关系。

沥青与矿料之间黏附性与沥青的性质有关。相关研究表明，沥青与矿料的黏附性会随着沥青酸性的增大而逐渐变好。可以用酸值对沥青酸性的强弱进行表征和评价。

沥青的表面张力反映其内部分子之间的牵引力的大小。在与矿料黏结时，沥青的表面张力越大，其吸附力就越大。

2. 矿料

矿料的化学性质在很大程度上影响着沥青混合料的物理力学性质。矿料的酸碱性会对沥青与矿料之间的黏附性造成一定的影响，一般认为碱性石料与石油沥青之间的黏附性要优于酸性石料与石油沥青之间的黏附性。矿料的酸碱性通常是按其矿物组成中 SiO_2 含量的多少来区分的，SiO_2 含量大于 65% 的矿料为酸性矿料。

几种代表性矿料的酸碱值测试结果如表 5-7 所示。

表 5-7　矿料酸碱值测试结果

矿料种类	酸碱值
石灰岩	0.97
安山岩	0.71
玄武岩	0.64
片麻岩	0.62
花岗岩（黑）	0.57
砂岩	0.55
花岗岩（红）	0.54

由试验结果可以看出，矿料酸碱值从石灰岩到花岗岩（红色）逐渐减小，说明矿料的碱性逐渐减弱，酸性逐渐增强。

从物理化学的角度来看，沥青与矿料的黏附作用是十分复杂的，但主要是一种吸附过程。

通过几种典型的矿料试验，发现矿料润湿最好的是安山岩，其次为石灰岩、玄武岩、片麻岩，最差的是花岗岩。

3. 离析和不均匀的影响

大量调查表明，沥青路面松散、坑槽等水损害多是在局部位置产生的沥青混合料的离析和路面压实度的局部不均匀造成的，从实际情况上看，导致路面局部损坏的根本原因就是以上两个问题。

引起路面不均匀性的有设计的原因，如最大公称粒径偏大，与路面结构厚度不相匹配；采用间断级配混合料容易产生离析。路面不均匀也有可能是施工质量控制方面的原因，如施工过程中料源发生变化、机械运行参数发生变化以及混合料运输和摊铺过程发生的级配离析和温度离析等。

二、减少沥青路面水破坏的措施

（一）采用空隙率不大于 5% 的密实沥青混凝土

在进行某层矿料级配的具体选择时，不透水性、混合料的高温强度及其稳定性和抗滑性都应该在考虑的范围内。

从当前的技术水平看，良好的不透水性以及高温抗永久形变能力是密实式粗集料断级配沥青混凝土所具有的主要优势，尤其是 AC-161、AC-201、AC-251 等连续级配沥青混凝土，这种优势更加明显。

一般来讲，SAC-19（20）和 SAC-26.5（25）等粗集料断级配沥青混凝土适用于沥青的下层面，它具有高温稳定性较好且密实的优点。

碎石沥青胶砂混凝土也是粗集料断级配沥青混凝土。碎石沥青胶砂混凝土与多碎石沥青混凝土的主要差别在于碎石沥青胶砂混凝土外加纤维以增加沥青用量，多碎石沥青混凝土仅用纯沥青。必要时，在粗集料断级配矿料中也可以用改性沥青代替纯沥青以增加沥青用量和高温稳定性。但是，外加纤维 0.3%，约需增加投资 30%，用改性沥青代替纯沥青也需增加投资 20% ~ 25%。因此，除特殊路段和很薄及超薄面层（厚 2 ~ 3 cm）外，在一般情况下应该采用纯沥青来达到目的。

多碎石沥青混凝土的矿料级配如表 5-8 所示。

表 5-8　多碎石沥青混凝土的矿料级配（质量百分比）

%

筛孔 /mm	类型				
	SAC-10	SAC-13	SAC-16	SAC-19（20）	SAC-26.5（25）
31.5	—	—	—		100
26.5	—	—	—	100	95 ～ 100
19	—	—	100	95 ～ 100	70 ～ 86
16	—	100	95 ～ 100	71 ～ 85	62 ～ 74
13.2	100	95 ～ 100	75 ～ 90	52 ～ 70	52 ～ 68
9.5	95 ～ 100	65 ～ 80	55 ～ 70	40 ～ 56	41 ～ 55
4.75	30 ～ 40	30 ～ 40	30 ～ 40	30 ～ 40	30 ～ 40
2.36	22 ～ 31	22 ～ 31	22 ～ 31	22 ～ 31	22 ～ 31
1.18	16 ～ 24	16 ～ 24	16 ～ 24	16 ～ 24	16 ～ 24
0.6	12 ～ 20	12 ～ 20	12 ～ 20	12 ～ 20	12 ～ 20
0.3	10 ～ 10	10 ～ 17	10 ～ 17	10 ～ 17	10 ～ 17
0.15	8 ～ 15	8 ～ 15	8 ～ 15	8 ～ 15	8 ～ 15
0.075	6 ～ 10	6 ～ 10	6 ～ 10	6 ～ 10	6 ～ 10

混合料设计方法具体如下。

马歇尔试验：SAC-13 和 SAC-16 用模筒直径为 101.6 mm 的标准马歇尔试验仪，每面各击 75 次；SAC-19 和 SAC-26.5 用模筒直径为 152.4 mm 的大型马歇尔试验仪，每面各击 112 次。

空隙率：3% ～ 5%。

矿料间隙率：SAC-13 的大于等于 14.5%；SAC-16 的大于等于 14%；SAC-19 的大于等于 13.6%；SAC-26.5 的大于等于 12.8%。

饱和度：65% ～ 75%。

稳定度：大于等于 7 kN

流值：20 ～ 40（0.1 mm）。

用各级矿料毛体积密度的平均值使混合料的理论密度得以确定。

表 5-8 是有关学者综合考虑各方面的因素后得到的矿料级配。表中的 SAC-10、SAC-13 和 SAC-16 已在高速公路上应用并取得良好结果。SAC-19 和 SAC-26.5 仅用作中面层和底面层，也在高速公路上用过。有关学者支持和鼓励结合当地的实际情况对所建议的级配做必要的调整，但希望在调整前进行必要

的对比试验，证明其中的一个或两个指标优于表 5-8 中的级配，而另两个或一个技术指标并不次于表 5-8 中的级配，以利于技术进步。

（二）提高沥青与矿料的黏结力

在沥青混合料中一旦有水的加入，再加上快速重载车辆的影响，则极易产生沥青剥落现象。为了使该现象得到缓解，促使沥青混凝土的耐久性和水稳定性得到有效改善，必须使沥青与矿料的黏结力进一步增强。有学者建议，从沥青与矿料的黏结力角度看，黏结力不小于 4 级的沥青混凝土更适用于中面层和底面层；黏结力不小于 5 级的沥青混凝土更适用于表面层。

试验证明，在做黏结力试验时，仅仅采用简单的水煮法不能达到区分抗剥落剂效果优次的目的，因此我们要使用一种经过改进的方法做试验，力求达到区分抗剥落剂效果优次的目的。所采用的方法如下。

①根据常规的方法，在沥青表面裹覆上集料，用同样的沥青和碎石做 16 个样品，并均分成四组。

②第一组在室温下冷却 15 min 后，开始做水煮试验，并且对它们的黏附性等级进行评定。

③第二、第三和第四组分别放在 165 ℃烘箱中 24 h、48 h 和 96 h 进行老化试验，然后取出在室温下冷却 15 min 后，做水煮试验，并且对它们各自的黏附性等级进行评定，如表 5-9 所示。在此表中，重交通沥青和花岗岩碎石是该试验所采用的试验对象。

④以四组样品的试验结果为依据，对黏附性等级进行评定，在此基础上确定最合适的抗剥落剂。

表 5-9　沥青与碎石的黏附性等级试验结果

沥青标号	抗剥落剂编号	常规方法				165 ℃，24 h				165 ℃，48 h				165 ℃，96 h			
		1	2	3	4	1	2	3	4	1	2	3	4	1	2	3	4
70	无	3	3	3	3	—				—				—			
70	1	5	5	5	5	—				—				—			
70	2	5	5	5	5	—				—				—			
70	3	5	5	5	5	—				—				—			
70	4	5	4	4	3	—				—				—			

沥青标号	抗剥落剂编号	常规方法	165 ℃, 24 h	165 ℃, 48 h	165 ℃, 96 h
		1 2 3 4	1 2 3 4	1 2 3 4	1 2 3 4
90	无	4 3 3 2	——	——	——
90	1	5 5 5 4	5 5 4 4	5 5 4 4	4 4 3 3
90	2	5 5 5 5	5 5 4 3	5 4 4 4	5 4 4 3
90	3	5 5 5 5	5 5 4 4	5 4 4 4	4 4 3 3
90	4	5 5 5 5	5 5 5 4	5 5 5 4	5 5 4 3

（三）提高压实标准，增加现场空隙率指标

沥青混凝土的物理力学性质对沥青混凝土的压实度具有十分重要的影响。

在对压实标准进行讨论时，有学者认为生产配合比设计时的马歇尔试件密度才是沥青混凝土的标准密度。

在我国，往往会从多个碎石厂购买用于修建高速公路路面的碎石。在这种情况下，不同粒级碎石的颗粒组成不尽相同，再加上拌和厂冷料管理等方面的影响，导致每天马歇尔试验所得的相关指标都会有明显的不同。例如，某高速公路的一个合同段，多天马歇尔试件的平均空隙率在 4.0% ~ 6.9% 之间，平均密度在 2.462 ~ 2.531 之间。如果生产配合比设计时沥青用量是按空隙率 4% 设计的，此时矿料颗粒组成和其他指标也都是符合要求的，我们就不能接受空隙率达到 6.9% 的沥青混合料，因为它的一些主要技术指标不一定能满足要求。

第三节　沥青路面的裂缝类病害

一、沥青路面的裂缝类病害

（一）裂缝类型

沥青路面建成后，无论是柔性基层还是半刚性基层，都会产生形式各异的裂缝。

若将路面开裂的主要原因作为依据来对裂缝进行划分，则可以将其分为三大类，具体如下。

①受行车荷载作用的影响，结构性破坏裂缝会随之产生，而此类裂缝就是所谓的荷载裂缝。

②受沥青面层温度变化的影响，温度裂缝会随之产生，而此类裂缝就是所谓的非荷载裂缝，其中包括低温收缩裂缝和温度疲劳裂缝。

③受沉陷的填土或地基的影响，较长的纵缝或者横向裂缝会出现在相应路段或桥涵两端，这里提到的裂缝就是所谓的沉降裂缝。

此外，若将裂缝的表现形式作为依据来对裂缝进行划分，则可以将其分为横向裂缝、纵向裂缝、龟裂和块裂。

（二）裂缝的影响因素分析

对路面开裂的影响因素进行划分，可以将其分为两部分，即内因和外因，其中，沥青混合料和基层材料的性质属于内因，而相关的外界因素则属于外因，如气候条件、交通条件、施工因素等，具体如图5-5所示。

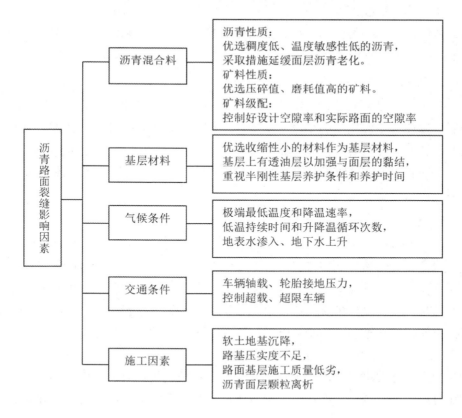

图 5-5　沥青路面裂缝影响因素

下面选取其中的几个影响因素进行具体的分析和说明。

1. 沥青混合料的性质

对沥青路面温度开裂造成影响的最主要的因素就是沥青混合料的性质。具体来讲，沥青混合料的低温劲度作为最根本的因素会对沥青路面的开裂与否起到决定性作用，而沥青混合料劲度又取决于沥青劲度这一关键因素。

（1）沥青

沥青作为一种典型黏弹性材料会随着时间的流逝而逐渐老化、硬化，其材料性能和力学行为与多种因素有关，其中包括温度、温度频率、时间、载荷频率等，在温度敏感性上，处于同一等级的沥青有着很大的区别。一般沥青中含蜡量高和延度小的，易于脆裂。

（2）矿料

矿料作为造成沥青路面早期破损的主要因素，其质量的好坏会对沥青混合料的强度产生直接的影响。具有不合标准的压碎值和磨耗值的碎石很容易造成沥青路面早期的开裂和剥落。

2. 基层材料的性质

对于基层材料而言，较小的收缩性就意味着较少的面层裂缝。基层上的透油层可以使其与面层的黏结进一步加强，从而有利于对抗开裂。沥青面层的裂缝率往往会受到基层材料种类的影响。

半刚性基层开裂的原因主要有以下两点：第一，干燥收缩；第二，低温收缩。

3. 气候条件

（1）降水

水是沥青路面早期病害引发的直接外因之一。在春冬两季，地表水的渗入、地下水位的上升都会对路基产生直接的影响，即在这种情况下，路基的湿度会改变，路基承载力和路面强度会大大降低，从而导致路面病害产生。降雨过后，起初小面积的裂缝会在路面上出现，进而出现大面积的路面病害。

（2）气温

沥青路面温缩裂缝的四大影响要素主要指极端最低温度、降温速率、低温持续时间、升降温循环次数。受到较低的极端最低温度、较快的降温速率、较长的低温持续时间、较多的升降温循环次数的影响，沥青路面温缩裂缝会变得愈加严重。

二、裂缝处置

裂缝是路面最常见的病害，一直是困扰世界各国路面设计和养护工程师的难题。路面开裂是不可避免的，如果忽略了加速裂缝和坑槽恶化的因素，将导致路面进一步遭到破坏，从而降低路面的使用性能。养护部门负责处理路面裂缝，因此充足的资金是其进行路面病害预防或日常性养护措施的保证。

目前有很多裂缝处理方法，主要有表面养护（如填缝灌缝、微表处等）和路面翻新（如路面重铺）。裂缝处理包括对有关裂缝进行清理，然后采用合适的填缝材料加以填封。路面裂缝修复的作用可以概括为以下几个方面。

①减缓裂缝扩展、降低混合料受到侵蚀和减少水对基层材料的影响，同时可以保护邻近路面等。

②促使路面的表面功能得到修复，推动行车的平顺性和舒适性进一步改善。

③从裂缝两侧路面材料的角度看，有利于推动材料间的黏结强度进一步加强，促使材料间传递力的功能以及路面局部强度和承载能力逐渐恢复。

④填封修补裂缝，可以使原有沥青路面材料强度不足的问题得到有效弥补。

⑤填封修补旧路面的裂缝可以有效防止上面的沥青加铺层出现问题，如形成反射裂缝。

概括来讲，裂缝处理目的主要有以下几方面：①保护路面基础设施；②减缓路面损坏速度；③促使路面表面功能和使用功能得到提高；④推动路面的使用寿命进一步延长。

对裂缝进行处理的情况主要包括出现裂缝的新路面、时间不超过两年的加铺层。

裂缝修复施工需要考虑的因素：气候条件、公路等级、交通量、裂缝特征和密度、材料、裂缝修复结构形式、修复方法、设备和施工安全等。

（一）裂缝病害状况调查

1.裂缝形式

对裂缝处理以前，必须调查路面裂缝的类型、严重程度和规模，以便对路面上的各种裂缝进行专门的填封处置。

根据裂缝的成因和方向，《公路沥青路面养护技术规范》（JTG 5142-2019）将处置的裂缝分为以下几类：①在高温季节不能愈合的轻微裂缝；②路面的纵向或横向的裂缝；③受较差的沥青性能、较长的路面设计使用年限等因素的影响所形成的大面积裂缝（包括网裂）等。

从养护工艺的角度，裂缝可分为微裂缝或发裂缝（2 mm 以下）、微小裂缝（2 ~ 6 mm）、小裂缝（6 ~ 13 mm）、中裂缝（13 ~ 25 mm）、大裂缝（25 mm以上），其中 6 mm 以内的裂缝属于预防性养护的范围。

2. 裂缝密度

裂缝密度亦称裂缝频率或裂缝线密度，用于评价给定长度的路面横向裂缝的发生程度，即指垂直裂缝走向方向上单位长度内的裂缝条数。裂缝密度可按裂缝长度划分，也可按裂缝间距划分，如表 5-10 所示。

表 5-10　裂缝密度划分

划分方法	裂缝密度	裂缝特征
按裂缝长度划分（每100 m 路面裂缝长度）	低	不超过 10 m
	中	10 ~ 135 m
	高	超过 135 m
按裂缝间距划分	低	≥ 20 m/ 条
	中	3 ~ 20 m/ 条
	高	≤ 3 m/ 条

3. 边缘损坏程度

边缘损坏程度用于评价裂缝边缘损坏情况。裂缝边缘损坏程度的划分如表5-11 所示。

表 5-11　裂缝边缘损坏程度划分

裂缝边缘损坏程度	所占比例
轻	0 ~ 25%
中	26% ~ 50%
重	51% ~ 100%

4. 维修方案选择

对于较规则的裂缝必须采用裂缝填缝的方式进行处理，而这类裂缝主要包括纵向裂缝、横向裂缝、块状裂缝以及反射裂缝等，相比之下，坑槽修补的方法则主要适用于对局部网裂、龟裂和滑移裂缝的处理。根据裂缝病害调查数据以及高速公路养护经验，裂缝维修方案的选择如表 5-12 所示，其对各种不同程度裂缝修补的养护措施给出了建议。

表 5-12　裂缝修补养护措施建议表

	轻	中	重
低	不处置	不处置或仅处置裂缝	裂缝修复
中	裂缝处置	裂缝处置	裂缝修复
高	处置面层	处置面层	大修

加铺路面前需对裂缝进行有效处置，防止加铺层出现反射裂缝；对于大修工程的局部路段，当路面强度和承载力足够时，可仅对裂缝进行填封修补，恢复路面的整体性和连续性，防止水分的下渗。

在裂缝处置调查过程中，如果发现裂缝处伴有其他形式的损坏，如沉陷、边缘损坏、错台等更易引发路面损坏的情况，或在荷载作用下弯沉显著增大的情况，那么这类路面维修措施可采取修补或铣刨，但如果弯沉很大或损坏很严重，为了临时服务交通，可仅对裂缝进行临时性处置。

（二）裂缝修复

1.修复时机选择

在选择材料和施工工序时应充分考虑气候条件。高温的气候条件下不用考虑较软的材料或者抗裂的材料，可以选择较硬的材料；而在低温气候条件下，就应该选择具有良好弹性的材料。

裂缝处理施工最好在温度大于零度、路面水分最少、裂缝张开至一半宽的时候。春季路面水分太多，夏季气温较高裂缝宽度太小，冬季气温变化大、水分多、裂缝太宽，这些季节都不是裂缝修复的最佳时机。而秋季气温适宜、雨水最少、裂缝宽度适中，是最适宜裂缝修复的季节。

2.裂缝修复方法

不同修复方法所对应的裂缝种类和程度也会有所不同，若是修补方法的选择合理且恰当，则填封裂缝的寿命必将大大提高。为了获得更好的裂缝填封效果，应以施工的实际要求和条件为依据确定裂缝修复工艺。

对于较规则的线状裂缝应采用沥青路面裂缝填缝的方式进行处理，而坑槽修补方法则主要适用于对局部网裂、龟裂和滑移裂缝的处理，裂缝修复的施工过程中必须遵循严格的填封工艺。

填缝和灌缝是目前养护部门较常用的两种方法，是日常性养护的基础，过去这两种方法通常被用作预防性养护。及时合理地运用填缝与灌缝，才能降低养护成本，增加路面使用寿命。

裂缝宽度和间距是决定采用填缝或灌缝的基本依据，裂缝修复方法的选择如表 5-13 所示。

表 5-13　裂缝修复方法选择

裂缝处理方法	裂缝特征			
	宽度 /mm	缝边损坏程度（如破碎、二次开裂等）	年水平位移量 /mm	裂缝类型
填缝	5 ～ 19	很小或者没有（≤裂缝长度的 25%）	≥ 2.5	横向温度裂缝、纵、横向反射裂缝、纵向连接带裂缝
灌缝	5 ～ 25	中等或者没有（≤裂缝长度的 50%）	< 2.5	纵向反射裂缝、纵向连接带裂缝、纵向边缘裂缝、不规则的块状裂缝

一般裂缝宽小于 76 ～ 102 mm、沿路面分布较一致且边缘损坏轻微的，可采用填缝或灌缝的方法。同时为了有效地密封裂缝，切割机或钻槽机刀片必须能接触到裂缝两侧边缘。裂缝宽度大于 76 ～ 102 mm 且分布较密时，就不能采用密封的方法，因为裂缝太宽切割机或钻槽机刀片不能接触到裂缝两侧边缘，另外裂缝数量过多将导致修复工作繁杂且效果较差。因此，对于这种裂缝可采用全深或部分深裂缝修补的方法。

根据裂缝的形式和程度，裂缝修复的具体方法主要有填缝、灌缝、全深或部分深裂缝修补等。

（1）填缝

填缝是一种局部处理方式，可以用于各种形式裂缝的修补。填缝的主要目的是减少或防止水和硬质杂物侵入路面结构内部破坏基层，同时还可防止路面膨胀和收缩。水分的渗入将削弱路面的结构层强度，是路面损坏的重要原因，因此沥青路面路表的裂缝密封后能预防水分渗入到路面结构层。与未密封裂缝的路面相比，裂缝密封后的道路损坏迹象将会减少。填缝一般适用于宽度小于 76 ～ 102 mm 的裂缝。填缝可以通过三种途径实现：清理并填缝、锯缝并填缝、开槽并填缝。

①清理并填缝。裂缝处理前应先清理缝内杂物并吹干裂缝内水分，再使用

填缝材料填缝。这种方法适用于基层具有良好的横断面和侧向支撑，路表损坏且伴随有少量纵向、横向的微裂缝，或表面无松散的裂缝。通常，在裂缝较小时进行修补比较经济。

填缝材料在硬化之前需要控制交通或更改行车路线。如果裂缝密封后要求尽快开放交通，应使用细沙或纸张覆盖在填缝材料表面，避免填缝材料被车轮带起。如果填缝合理，所修复的路面至少可以使用三年才会发生填缝材料剥落现象。填缝材料不能长期防止水和硬质杂物侵入路面结构层内，但却能减少水分渗透和延长路面使用寿命。对裂缝修复后的路面在裂缝超过使用寿命后还可重复使用这种方法进行修复。填缝材料用量应合理控制，用量过多会降低路面的抗滑性能，同时在修补施工时应确保裂缝处是干燥的，因为水分会影响填缝材料与裂缝缝壁的黏结。

②锯缝并填缝。使用路面锯缝机沿新铺路面以一定间距锯出横缝，然后用填缝材料密封。密封能减少或防止水和硬质杂物侵入路面结构、损坏基层材料，控制路面出现由温度变化引起的膨胀和收缩裂缝。此过程一般用于新铺的沥青路面。

此方法用于旧路修复则是利用简单的切割锯锯缝，锯缝的尺寸由锯缝宽与深度之比来确定。宽深比越大，填缝材料承受路面收缩膨胀的应力就越小。最常见的锯缝形状近似矩形，如 19 mm × 19 mm 或 25 mm × 25 mm（宽深比为 1.0），锯缝尺寸的调整应由填缝材料的性能来决定。施工时将填缝材料喷洒于路表，整平后在裂缝边缘额外预留一些填缝材料，使填缝材料能更好地黏附于路表或锯缝边缘，但应考虑非机动车的行驶。需要注意的是，在弯道处密封纵向裂缝会使车轮经过缝边的填缝材料时打滑从而造成危险，因此在弯道路段应谨慎使用这种方法。

裂缝修复施工中需更改行车路线，直到填缝材料完全硬化。如果裂缝密封后需尽快开放交通，则应使用细沙或纸张覆盖在密封材料表面，避免密封材料被车轮带起。研究发现，对新铺沥青路面进行密封可使其寿命延长为 7 ~ 10 年，同时可减少新铺路面的随机开裂现象。对裂缝修复后的路面在裂缝超过使用寿命后还可重复使用这种方法进行修复。

③开槽并填缝。这种方法是利用路用切割机或凿缝机在现有裂缝中央开槽，然后使用填缝材料填缝。它能减少或防止水和硬质杂物侵入路面结构内破坏基层材料，同时可控制路面的收缩与膨胀。这种密封技术适用于横向和纵向裂缝，气温适度降温时（如春季和秋季）使用最适宜，另外在路面使用前期采用这种技术的效果最好。这种方法适用于基层具有良好的横断面和侧向支撑，路表损

坏且伴随有少量的纵向、横向微裂缝，或表面无松散的裂缝。如果裂缝破损严重且较宽，则不能采用填缝的方法，此时维修应采用灌缝，如稀浆灌缝或铣刨灌缝。

有关部门建议最佳开槽尺寸为 19 mm×19 mm，但具体应根据填缝材料性能来调整开槽尺寸。整平时缝边缘应多预留填缝材料并要再次整平，而且需要考虑非机动车的行驶。需要注意在弯道处密封纵向裂缝，会使车轮经过缝边的填缝材料时打滑从而造成危险，因此应在弯道路段谨慎使用密封裂缝方法。填缝施工需要更改行车路线，直到密封剂完全硬化，如果裂缝密封后需尽快开放交通，则应使用细砂或纸张覆盖在密封材料表面，避免密封材料被车轮带起。

如果维修时机选择合适，那么修复的裂缝至少使用三年才会发生密封材料从裂缝边缘剥落的现象。填缝材料不能长期防止水和硬质杂物侵入路面结构层内，但能减少水分渗透，延长路面使用寿命。加拿大某一工程发现，开槽填缝能够延长路面使用寿命 2 年左右，平均使用寿命为 5 年。对裂缝修复后的路面在裂缝超过使用寿命后还可重复使用这种方法进行修复。路表面过多的填缝材料会降低路面的抗滑性能。另外在修补施工时应确保裂缝处是干燥的，因为水分会影响填缝材料与裂缝缝壁之间的黏附性。

（2）灌缝

这里特别要注意的一点就是不能混淆灌缝与填缝，对于这两者而言，处理前准备工作和所采用的裂缝修复材料类型不同是最主要的区别。灌缝准备工作很简单，就是利用压缩气体吹走缝内松散杂物。特殊情况下，灌缝前需使用热风枪清理并干燥裂缝。灌缝使用的材料较填缝材料便宜，可以使用橡胶粉、乳化沥青，也可利用微表处材料和稀浆灌缝。相反，填缝使用的是昂贵的改性聚合物填缝材料，但其性能非常好。高性能的改性聚合物填缝材料需要洁净干燥的裂缝表面，能很好地附着于裂缝缝壁。而灌缝由于准备工作简单，裂缝边缘粗糙，因此灌缝材料在这种情况下一般性能较差。但橡胶粉材料黏性好，对裂缝清洁度敏感度低，能很好地黏附于裂缝缝壁上。在低温条件下，它比聚合物密封材料脆，当路面收缩时不能足够伸展。所以，灌缝材料没有填缝材料耐用，但对于路面破损严重，裂缝较宽的旧路，选择灌缝更好。灌缝时可以考虑耐久性较好的材料从而减少重复灌缝次数。

填缝主要用于具有较窄裂缝的新铺路面，灌缝则常用于有很多较宽且不规则裂缝的路面或者有严重破损的路面，这种路面的裂缝宽度大于 76 mm。灌缝不能防止水分渗入路面，但能覆盖裂缝边缘防止其氧化。

一般而言，在一年之内的任何时间都可以进行灌缝施工，但是相比之下，偏凉的季节（如春、秋季）应该是较好的灌缝季节。这主要是由于这些季节的温度在 7 ~ 20 ℃ 范围内，裂缝基本上全部张开，施工时可以保证裂缝内充分灌足灌缝料。这里需要注意的是裂缝发展到中等程度就应该对其进行预防性的灌缝处置。

在美国，灌缝的成本是 0.82 美元 /m²，具体成本取决于准备工作、灌缝材料类型和工程大小。

（3）全深或部分深裂缝修补

这种方法是在路面过度磨损以致不能使用填缝和灌缝时的一种处理工艺。具体方法为先沿裂缝槽进行铣刨，然后用热拌沥青混合料填缝并压实至目标压实度。修补后的裂缝随时都可能出现新裂缝，因此当再次出现裂缝时应及时处理，以免耽误了最佳处理时机而造成基层材料支撑能力降低和再次发生裂缝。

采用全深或部分深裂缝修补方法可以修复伴随有新生裂缝的路面裂缝。当需要修复基层路面时，应使用全深式修补方法。路表裂缝比较严重但面层以下部分状况较好时，可以考虑采用部分深（宽且浅）式修补方法。

当路面状况较好时，铣刨深度为 13 ~ 25 mm；当路面性能退化比较严重时，一般采用全深式铣刨，铣刨深度通常为 6 ~ 13 mm。在确定铣刨区域的形状时，必须确保开挖面足够宽，以保证良好的压实度，但在全深式裂缝修补的开挖区域内一般难以达到设计的压实度。

这种施工工艺需要一定数量的材料，包括用作黏结料的乳化沥青以及热拌沥青混合料，因此就需要较多的施工器具。施工器具包括铣刨机、储料罐、混合料运输车、压路机等。此外，与其他施工工艺相比，此施工工艺还需要较多的人员，因此时间和人工成本的花费更大。但是，如果路面裂缝极为严重，铣刨灌封将是唯一可行的裂缝处置方法。

这种工艺对施工季节的限制与热拌沥青混合料对季节的限制相同，混合料在压实后方可开放交通。采用铣刨灌缝技术修补的裂缝的使用寿命的长短主要取决于压实后的密度。若密度不足则路面会在交通荷载作用下发生推移，降低使用寿命；若混合料设计不良、路面潮湿同样会缩短其使用寿命。但如果设计合理施工正确则铣刨灌缝的使用寿命可以在 5 年以上。另外开挖的宽度限制了要求达到的压实度，因此需要合适的开挖宽度，采用压路机碾压基层和沥青混合料层。

需要注意的是铣刨处理的裂缝必须干燥，另外如果要在原有路面上铺筑新的沥青混合料面层，那么需要在铺筑新面层前对原有面层进行铣刨。

铣刨灌缝的成本取决于开挖填补的宽度和深度。

3. 裂缝修复工艺

按永久性（即耐久性）修补要求，可以将裂缝修复的主要施工工艺分为以下步骤。

（1）裂缝的开槽

如果一条成熟裂缝是较宽的，即缝宽 ≥ 6 mm，那么在对它进行修补时需要先将裂缝做破损、开槽处理。裂缝凹槽通常可采用专用的开槽机或混凝土切割机沿裂缝开凿一条规则均匀的矩形槽，开槽应确保对路面破损小。开槽的目的是切削掉裂缝中的松散碎屑、旧料、杂物，从而使坚实、整齐的裂缝壁面露出来以保证在裂缝底部顺利地填入相应的填封材料，促使填封材料与裂缝壁面间的接触面积进一步增加，推动其黏结性能的提高，延长填封裂缝的寿命。

开槽可以采用垂直刀开槽机、转动冲击开槽机、金刚石刀片开槽机。垂直刀开槽机引起破损小，但速度较慢，为 0.5 ~ 1.0 m/min。转动冲击开槽机造成的破损大，但速度快，可达 3.5 ~ 4.5 m/min。金刚石刀片开槽机，速度适中，一般为 1.0 ~ 2.5 m/min。金刚石刀片的直径为 152 ~ 203 mm，可以沿着裂缝边缘准确切割，它的效率和转动冲击开槽机一样高，用它切割裂缝，可以得到一个规则的壁面平滑的矩形沟槽。

通常情况下，大部分裂缝的走向都缺乏规则性，所以尽可能地在裂缝中央开槽才是最佳的选择，同时也要尽量避免走偏，此外，对周围路面材料的破坏要控制在最小范围内。

应该把裂缝宽度和破损严重程度作为开槽尺寸的主要依据，并且要确定一个恰当的开槽槽宽深比（槽宽 / 槽深），即槽的形状系数。槽的宽深比宜取大一些，通常取的值有 1 ∶ 1 和 4 ∶ 1。

裂缝修复如果存在以下情况，可以不采用开槽填封。

①随着气温的变化，较细的以及缝宽小于 6 mm 的裂缝存在着合拢的可能性，所以采用开槽填封既不经济，也不合理。

②受成本和开槽时间等因素的影响，在修复纵向裂缝以及无或少水平位移裂缝时可以不采用开槽填封的处理方式。

（2）裂缝的清理和干燥

为保证填封裂缝的有效性和耐久性，需对裂缝（或凹槽）进行彻底清理和干燥。无论裂缝是否进行过开槽处理，其中总会有一些灰尘、碎屑和杂物存在。若是裂缝壁面没有得到很好的清理或处于潮湿的状态，则很容易造成填封材料黏附性的下降，进而导致填封裂缝失效。

裂缝的清理和干燥工作在整个施工工艺过程中非常重要。对于裂缝处于潮湿或干燥状态下不同填封材料修补裂缝的性能，美国公路战略研究计划做了相应的对比分析。

一般来讲，清缝的方法有很多种，如压缩空气吹扫、高压水喷等。其中，高压空气和热空气吹扫属于较为有效且简单的两种方法。吹打裂缝的压缩空气的压力一般为 0.6 MPa、风量在 4 ～ 5 m³/min 左右。

热空气吹扫是一种较佳的清缝方式，因为这种方式可以彻底清理和干燥湿裂缝，推动裂缝填封效果的提高。

（3）裂缝的填封

在对裂缝进行填封修补之前，必须先按照相关的使用和填装要求把选用的填封材料准备好，不同的填封材料所对应的备料方式也会有所不同。

一般而言，可以使用加热后的导热油对相应的填封材料进行间接加热，直至其达到相应的标准但注意不能过热。

在准备好填封材料后就可以填封裂缝了。要尽量避免裂缝的再次污染。

填封材料灌入裂缝内的形式有很多，一般可以归纳为平齐式、锯槽式、宽带式以及组合式四种类型，其他裂缝修复结构形式都是基于这四种填充方式组合而成的，裂缝修复结构形式如表 5-14 所示。

表 5-14　裂缝修复结构形式

裂缝修复结构形式		开槽形状参数（宽深比）	特点
不开槽修复	（a）齐平式	—	不开槽直接填缝
	（b）简单贴封式	—	不开槽，贴封
	（c）帽封式	—	不开槽，帽封

续表

裂缝修复结构形式		开槽形状参数（宽深比）	特点
开槽修复	（d）标准开槽齐平式	1	开方槽 （宽深比为 1.0）
	（e）标准开槽贴封式	1	开方槽 （宽深比为 1.0）
	（f）深槽齐平式	1/2	开深槽 （宽深比为 1/2）
	（g）深槽贴封式	1/2	开深槽 （宽深比为 1/2）
	（h）浅槽齐平式	8	开浅槽 （宽深比为 8）
	（i）浅槽贴封式	8	开浅槽 （宽深比为 8）
开槽修复	（j）深槽（嵌缝条）	1/3（受嵌缝条影响）	开深槽 （宽深比为 1/3）， 加嵌缝条
	（k）深槽齐平式（嵌缝条）	1/3（受嵌缝条影响）	开深槽 （宽深比为 1/3）， 加嵌缝条
	（l）深槽贴封式（嵌缝条）	1/3（受嵌缝条影响）	开深槽 （宽深比为 1/3）， 加嵌缝条

①平齐式。一般在不用处理裂缝的情况下，直接将填封材料浇进裂缝，并把多余的材料刮去，保持与路面齐平。

②开槽式。在裂缝上部锯槽，把裂缝填封材料浇入槽内，填料应填满或稍微低于路表面。一般锯槽的宽度为 12～19 mm，深度为 12～25 mm。

③贴封式。贴封式就是将填料注入裂缝内直到填满，然后用橡胶滚轴将超出的材料滚压成条带状。

几乎所有的填缝和灌缝作业都是将填充料直接填入裂缝或槽中，然而有时会在填料填入裂缝之前，将黏合分隔材料（如聚乙烯嵌缝条）安置在工作裂缝凹槽底部，嵌缝条与凹槽三面相黏结形成整体，从而在填料填入凹槽时阻止填料流入槽底缝中，这样提高了填缝性能。

填料的形状会影响填封性能。裂缝处理和设计常会用到一种形状参数，其定义为裂缝开槽宽度和深度的比值即宽深比。一般形状参数单独由切缝作业来控制（如刻槽深度和宽度），然而形状参数不仅受到切缝作业影响，也受嵌缝条的埋入深度的影响。不管是直接的还是间接的嵌缝条填充，目前推荐橡胶沥青填料的形状参数为1，而硅胶填料的形状参数为2。一般来说，较小的形状参数（窄而深的开槽）会造成填料黏附力损失，而大的形状参数（宽而浅的开槽）则会增加黏附性。

嵌缝条的应用需考虑以下两个因素：①应用嵌缝条的成本是否低于直接填料时的成本；②其性能是否比直接填料时的性能有所提高。

一般情况下，裂缝是比较直的，且只有较轻的边缘损坏。因此，建议在缝内直接填入填料，这样即使使用嵌缝条，费用也不会增加得太多。

刻槽机和切缝机是可以控制切割深度的常用器械，而切割的宽度一般用手测量即可控制，考虑到形状因素的影响，嵌缝条一般置于距凹槽底部25 ~ 38 mm、距路面13 ~ 19 mm 的位置处。嵌缝条的宽度一般应该比裂缝凹槽宽25%，因为这样才能竖向固定嵌缝条，并且可以密封凹槽底部防止填料泄漏。

用橡胶改性沥青进行填缝，必须明确是将其做成贴封式还是帽封式结构。一般帽封式结构应根据所选用的灌缝材料决定是否对裂缝进行封顶。贴封式条带一般宽度为76 ~ 127 mm，厚度为3 ~ 5 mm，这种方式不需切割裂缝，从而使得填缝作业变得方便快捷，贴封式结构从设计上给裂缝面增加了磨耗带，从而改善了开槽式填缝的性能。

选择合适的填缝方式是一项复杂的工作，如表5-15所示，提供了裂缝养护修复方式设计应考虑的基本因素。

表5-15　材料填充结构形式的选择

考虑因素	应用类型
类型和应用范围	多数灌缝和某些填缝不需进行裂缝的切割处理，而一些地区对裂缝进行切割却很有必要
交通因素	缝上有条带的填缝、灌缝要经受车辆的磨损，在裂缝边缘产生高的拉应力，因此易导致裂缝内部断裂
裂缝特征	帽封式比较适合于有一定程度边缘碎裂的裂缝（＞10%的裂缝长度），条带可同时填封损坏的裂缝边缘
材料类型	乳化沥青、沥青和硅树脂等材料不能经受交通的作用，在交通车轮的磨损下，极易产生轮迹和磨损问题

考虑因素	应用类型
长期性能	对长期填缝、灌缝性能有要求时，开槽齐平式比较适用
外观	贴封式影响路面的外观
费用	省略裂缝切割工艺可减少设备费用和劳力费用

在填补裂缝时，要始终注意路面的清理与维护。

（三）裂缝修复效益及性能评估

整个裂缝修复过程的修复效益都受材料、人力、设备的费用的影响，不同材料和工艺的组合将产生不同的修复效益。因此，选择合理的裂缝修复方法以及工艺可以获得较好的修复效益和修复性能。

裂缝处理的性能评估具有很强的操作性，一般一两个小时就能完成，且准确性很高。一年应至少进行一次裂缝处理的性能评估，绘制出裂缝处理的失败比例图并制定后面的养护计划。一般在冬季进行性能评估效率最高，因为在冬季裂缝受低温影响一般都是裂开的。

一般选大约 152 m 的路段作为试验路段，进行路面裂缝的最初调查，调查过程中需要目测抽样部分裂缝中的填料是否具备防渗能力。

裂缝处理养护失败的标志包括以下内容：①完全深度黏附失效；②完全深度黏合失效；③材料完全挤出；④裂缝处理后剥落和次要裂缝进一步扩展；⑤坑槽。

裂缝处理失败率的估计，可以用测量的失败部分长度除以总的裂缝处理长度来计算：

$$失败率 =100\% \times （失败部分长度 / 总处理长度） \tag{5-1}$$

修复效率百分率可以由 100% 减去失败率计算得出：

$$修复效率百分率 =100\% - 失败率 \tag{5-2}$$

通过几次检查可以建立效率时间变化表。最低允许效率水平通常是 50%，它表明该裂缝在随后的计划中应该进行养护。

第六章　高速公路沥青路面的预防性养护

沥青路面在交通载荷和环境因素的作用下，随着时间的推移会出现各种各样的病害，路面会变得凹凸不平起来，它的抗滑能力和承载能力也会逐渐衰减和下降。为了保持沥青路面良好的使用性能和延长它的使用寿命，在路面寿命周期的各个阶段需要采用不同的养护维修措施来恢复和保证它的服务能力。本章分为预防性养护的概念、高速公路沥青路面预防性养护的决策与流程、高速公路沥青路面预防性养护的时机三部分。

第一节　预防性养护的概念

一、预防性养护基本概念

预防性养护的概念是美国在 20 世纪 80 年代中期提出的。在大规模的公路交通网建成之后，如何使这一庞大规模的公路网保持良好的路面状况和服务能力，能为道路使用者提供安全、快速、舒适的行驶环境，成为路网管理系统的首要任务。预防性养护指那些以保护路面、延缓病害发生、防止轻微病害进一步扩展，以及延长路面使用寿命、保持路面基本职能为目的的主动性养护作业。预防性养护通常应在路面状况处于完好至良好的阶段实施，此时路面没有明显的病害或只有轻微缺陷与病害迹象。预防性养护没有路面补强的功能，因而不能期望预防性养护具有改善路面强度和承载能力的作用。

预防性养护概念在 21 世纪的一个重要进展是明确了与路面维护两个概念之间的关系。路面保持是美国公路网为保持公路服务能力而设立的一个概念，最初的定义是"路面保持是一旨在保持国家公路网资产，提高路面性能，延长路面寿命和满足用户需求的工作计划"，政府根据计划拨款用于路面的翻修、重建。这一计划原来是不包括路面养护活动的，1995 年后美国的冰茶法案允许将联邦资金用于州公路和联邦助建公路的路面养护业务，并将路面保持定义为

"路面保持是一旨在保持国家公路网资产，提高路面性能，延长路面寿命和满足用户需求的工作计划，它包括预防性养护、矫正性养护以及小修和大修，但不包括路面的改建、新建或重建"。路面保持的定义包含了预防性养护，虽然它们的含义是有差别的，但是这两个术语常常互换使用。为进一步厘清各种养护维修作业的关系，美国联邦公路管理局于 2005 年 12 月公布的"路面维护定义"备忘录中将路面维护定义为"路面维护是一种适用于路网级的长期战略计划，它利用一整套费用效益良好的综合措施来延长路面的寿命，改善其安全性和满足行车人员的需求"。这一定义除去了"路面保持"原定义中公路网保值的成分，强调了路面维护。美国联邦公路管理局还进一步将路面维护分解为三类不同性质的养护作业，如图 6-1 所示。并指出预防性养护应是这三个成分中的主体。

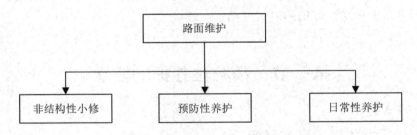

图 6-1　路面维护的组成

　　美国联邦公路管理局对预防性养护概念的扩充，使路面维护的概念更加完整，并确立了预防性养护在路面维护作业中的主体地位。预防性养护与路面维护概念在 21 世纪的另一个重要进展是从概念延伸到分类，进一步明确了按养护维修活动在路面寿命周期各个阶段的目的与功能进行分类的方法。在"路面维护定义"备忘录中明确将路面整个寿命周期内的养护维修活动分为路面维护、路面结构性翻修、路面改建三大类，并将路面维护分解为矫正性养护、日常性养护、非结构性小修三类不同性质的养护作业。"路面维护定义"备忘录还进一步明确了日常性养护、矫正性养护和非结构性小修的定义。

　　①日常性养护指按日程计划实施的旨在保持和维护道路系统的路况条件处于满意的服务水平的逐日性养护活动（清扫、标志线维护、裂缝密封、小坑洞修补等）。

　　②矫正性养护是当路面出现未预见到的损坏时，对病害做出的旨在修复路面至可接受的服务水平的反应性养护活动，如坑洞修理、路面的局部修补等。

　　③非结构性小修指对原路面实施的非结构性的提高措施，其目的是消除那

些与老化有关的、由环境辐射导致的自上而下的裂缝等路表面的损坏，如薄层罩面、铣刨后加铺薄层罩面等。

经过多年的发展，预防性养护在概念上也具有了更为深刻和清晰的内涵。预防性养护的内涵包含三个要素。

第一，原路面的轻微病害已被处理。它包括两层含义：①病害是轻微的，只涉及路表面的功能性病害而不是路面的结构性损坏；病害发生在路表面或表面层；引起病害的第一位原因是环境，交通载荷则是次要因素。②由于路表面的功能性病害获得了处理，路面的行驶功能和安全性功能相应得到改善。

第二，预期可能出现的病害已被防止或延缓。这是预防性养护最主要的目的，它包括了三方面的含义：①防止表面层的病害扩大化；②延长了路面使用寿命；③寿命的延长不是由于增强了路面的结构强度，而是阻止了病害向下层发展。

第三，取得最佳的费用效益。它体现了养护 3R 的原则，即在正确的时间对正确的路面实施正确的处理技术，它包括三方面的含义：①正确的时间指实施预防性养护的最佳时机；②正确的路面指路面的恶化程度和病害的类型、性质、轻重最适合于进行预防性养护；③正确的处理指选择了最适合的预防性养护技术。做到了 3R 的原则一般就能获得最佳的费用效益。

二、预防性养护的材料

预防性养护材料的性能会直接影响养护寿命的长短以及资金投入的多少。预防性养护的实施需要借助一定的技术手段，因此，我们可以以预防性养护的技术手段为切入点，研究预防性养护的材料。目前，国内外比较成熟的技术手段主要有裂缝填封、表面封层、薄层罩面三种类型。

裂缝填封主要针对的是原路面局部有裂缝，并且没有较大范围的裂缝，只是轻微的几条。这种情况的路面只需要使用裂缝填封技术就能够使沥青路面保持较好的状况，有效防止路面裂缝扩大，造成更严重的病害。使用这一预防养护技术的时候，要选用密封性能优越的灌缝材料，及时对沥青路面的裂缝进行填缝处理，能够有效地防止裂缝的进一步发展，延长道路使用寿命。

根据施工材料的不同，表面封层还可以分为雾封层、石屑封层、稀浆封层、微表处等。雾层封层是将雾状的乳化沥青喷洒在老化的沥青路面上，其目的是更新和还原路表面已氧化沥青膏体，主要施工材料是乳化沥青。石屑封层的施工方法是在路面上喷洒沥青材料，紧接着撒布砂、适当级配的集料并紧跟着进行碾压。这种方式成本低、简单易行，主要是防止水分的渗入，其主要施工材料是热沥青、乳化沥青等。稀浆封层或微表处的主要施工材料是一种由乳化沥青或改性乳化沥青、完全破碎的集料、矿粉、水和添加剂组成的稀浆状的混合物，混合物在拌和均匀后被摊铺到原有的沥青路面上形成一层与原路面结合牢固、具有抗磨表面结构的均匀养护层，这种技术可以快速凝固成型，尽早开放交通。

薄层罩面也是一种很早就开始采用的传统养护方法。薄层罩面可分为冷薄层罩面和热薄层罩面，其中冷薄层罩面在常温下就能够施工，比较方便快捷，其主要应用的施工材料是乳化沥青或乳化改性沥青混合料。热薄层罩面需要对施工材料进行加热才能够施工，主要施工材料有沥青混凝土、沥青玛蹄脂碎石结合料、超薄橡胶粉改性沥青等，这种养护技术的成本比较高。

三、预防性养护的战略意义

预防性养护是一种费用－效益良好的养护决策，它的好处主要体现在以下方面。

①保持路面良好的使用性能，减少交通事故的发生率，使社会公众获得对行车的安全性、高速性、舒适性更高的满意度。

②改善路况条件，延长路面使用寿命，减少对路面实施矫正性养护和修理作业的次数，降低对公共交通的干扰程度。

③节约养护维修费用。在路面寿命周期内年平均养护维修费用的节约是通过延长路面使用寿命获得的。在节约养护维修费用方面的另一个好处是由于延长了路面翻修的周期时间，使得年平均养护维修费用的预算变得更加均衡。

④正确实施预防性养护可以使养护决策建立在更为可靠的信息基础上。这是因为预防性养护要求检测跟踪现状路面的路况变化规律，及时发现病害发生的迹象，从而为养护决策提供可靠的依据。

⑤推动养护新材料、新工艺、新技术的发展。由于预防性养护追求的目标是寿命周期的最佳费用效益，因而对养护采用新的材料、新的工艺、新的技术有着更大的积极性。即使采用某些新技术会增加预防性养护的原始成本，但只要能降低路面整个寿命周期的养护维修费用，仍将具有很大的吸引力，这显然有利于推广、应用更为先进的养护技术。

⑥提供间接的社会经济效益。预防性养护的实施除了带来直接的社会经济效益外，还会因改善路面的使用性能、减少交通事故和交通拥堵、降低养护维

修对交通的干扰、减少行驶车辆的燃料消耗和维修成本等而带来可观的间接社会经济效益。

以上的优点表明预防性养护是路面管理系统中一项具有重大战略意义的养护策略。

第二节　高速公路沥青路面预防性养护的决策与流程

一、预防性养护决策原则

当对某条高速公路或者某段高速公路进行养护或修复时，需要确定路面结构性能满足使用要求，根据调查结果针对路况采取合理的措施，当路面可以采用预防性养护措施时，就不要进行修复重建。针对沥青路面使用性能进行评价，依据预防性养护的基本标准来确定养护策略，需要遵循以下原则。

一是应用科学的决策方法确定养护对策。针对路面状况，根据预防性养护的标准，采用科学的决策方法来制订有针对性的预防性养护对策，并建立专门的效果评价、分析程序。养护方法需要有计划性，主要分为两个方面，一是确定路段，二是确定路段级别。不同的路段有不同的养护措施，需要结合路面管理系统及时做好数据的收集和更新。

二是针对主要影响因素确定养护对策。制订路面养护策略时主要考虑路面强度、路面平整度、路面状况三个方面。在出现病害的路面上，往往不只存在一种病害，我们需要根据病害的种类、规模以及严重程度来进行分析，找出主要病害类型，将其作为主要的处理对象，同时要兼顾次要病害，制订养护措施。

三是查明病因确定养护对策。路面出现表现相同的病害，其形成原因可能不同。因此，工作者不仅要对路面进行基础的路面普查工作，而且要根据路段的主要病害类型，有针对性地做局部或者专项探查，若有需要可以进行采样，利用室内试验查明病害原因。如路面车辙，有可能是流动性车辙、也有可能是结构性车辙或磨耗性车辙，三种不同类型的车辙其处理方法和具体措施则不同。

四是结合养护费用优化养护对策。制订好预防性养护方案后，还需要对方案进行优化，充分考虑这一养护方案的养护费用，结合我国对路面养护管理实际情况，对预防性养护方案进行进一步优化，使其在提高路面性能与降低养护费用之间达到一个良好的平衡。

五是分析确定养护对策的最佳费用效益。制订预防性养护方案是一个相当复杂的过程，不仅要考虑维修方案、实施顺序以及实施时机，还要考虑路面养护的费用效益以及不同方案在养护寿命周期内最佳费用效益，一般的分析周期为 20 年。

六是选择恰当的养护措施。目前，预防性养护的养护措施有很多种，在对病害进行养护时，有些养护措施之间可能存在重叠。因此，在确定具体养护措施时，需要综合考虑各方面因素，多进行横向比较，从而找到最合适的措施。

七是注重新材料、新工艺的开发研究与推广。近年来，大家开始重视预防性养护技术，出现了很多新的技术、新的工艺、新的材料。因此，在进行路面预防性养护决策时，还应该重视对新技术、新材料的研究与推广。

八是加强路面排水系统的完善。大部分情况下，沥青路面的损坏与水有关。因此在制订预防性养护方案时，需要将这方面因素考虑进去，在处置路面病害的同时调查该路段的排水系统，如有不足应进行完善。

二、预防性养护决策考虑因素

在选择公路沥青路面养护维修对策时，需要结合各分项调查评价指标以及综合性能评价指标，考虑以下因素。

①根据路面损坏类型、损坏严重程度和出现损坏的范围或密度确定路面的破损情况。

②路面平整度越差，罩面应该越厚。

③路面抗滑能力直接影响车辆行驶的安全，要根据其抗滑性能的强弱决定是否增加抗滑表层。

④路面车辙深度会直接影响路面的平整度，会对车辆行驶的安全性和舒适性造成影响，决定了路面维修的方法和规模。

⑤路面结构承载能力的大小决定着路面结构是否需要补强。

⑥专家经验尽管常常会受到人为主观因素的影响，但是其可以起到对比和监督的作用。

⑦行政政策也会影响路面养护维修对于对策的选择。

三、预防性养护决策工作流程

沥青路面养护对策应根据公路等级、交通量、使用性能评价结果确定。路面质量评估及修复工作程序，如图 6-2 所示，并可归纳为以下几点：①收集原有设计、施工资料，并加以分析；②划分路段，调查路面状况并进行评价；③

进行路面结构强度和材料试验；④确定道路路面病害的成因；⑤选择适宜的养护或修复方法。

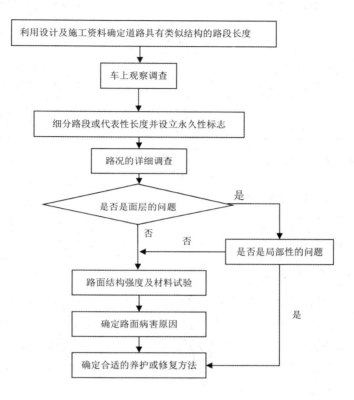

图 6-2　路面质量评估及修复工作程序

　　通过对当前路面的病害性质、使用性能、承载能力的检测与调研，结合路面病害和使用性能的历史资料以及结构设计（结构组合、混合料类型、材料、龄期、设计寿命等），施工、养护的情况，路面排水的历史资料，即可判定本项目是否适宜实施预防性养护，或应进行复原性养护抑或进行路面结构性翻修。如表 6-1、表 6-2 和表 6-3 所示，为路面选择适合的养护维修措施提供了依据。

表 6-1　根据原路面病害性质判别

病害性质	适宜采取的养护维修措施
功能性病害（非结构性病害）	路面维护（预防性养护和复原性养护）
面积或密度较小的局部结构性病害	矫正性养护
面积或密度较大而严重的结构性病害	路面翻修

表 6-2　根据原路面病害所在结构层判别

病害所在的结构层	适宜采取的养护维修措施
路表面	预防性养护
表面层	复原性养护
部分深度或整个沥青面层	路面部分深度翻修
沥青面层和基层	路面全深度翻修

表 6-3　根据原路面使用性能指标判别

使用性能指标	阈值		
	预防性养护	复原性养护	路面翻修
设计弯沉值与实际弯沉值之比	≥ 1	≥ 1	< 0.5
平均车辙深度	≤ 10 mm	≤ 25 mm（表面层混合料失稳）	> 25 mm
路面破损指数	> 80	> 70	< 60

（一）资料收集和分析

各省、市公路养护管理机构对道路网都有各自的管理方法和路面管理系统，他们每隔一定时间会对路面进行一次全面的调查，这样收集的资料一般对于可行性研究来说是足够的，但这些数据往往不能满足详细设计的要求。在路面进行评估之前需要取得以下数据：①路面结构类型及其大致厚度；②自修建以来的交通量；③路面平整度等。

路面结构类型及其厚度可以从设计、施工或养护资料获得；交通量可以采用历史交通量的观测资料，如无历史资料，就应进行观测调查，以便获得现期数据，作为评估之需。

（二）路段划分

按照划定将道路划分为不同路段之后，可再根据需要和目前道路状况进一步细分小段。一般可根据下列条件将道路划分为较短的等质路段：建成通车以来的时间、交通荷载道路破损类型和地形等。之后进行各段的详细调查，如果等质路段较短，最好对该段全长都进行详细调查。然而当工作条件受限制时，也可选几段 1 km 长的、有代表性的路段用于确定路面的损坏原因。

对路面进行详细调查时，应记录各类病害（面层病害、裂缝、变形、坑槽、边缘破损等）的性状、范围、严重程度及发生部位。按照相关规范调查路况，量测路面平整度、进行弯沉测量、抗滑试验等，对路况进行整体评价。

（三）路面结构强度及材料试验

若路况调查表明，沥青面层的性能可能是由各分段路面工作状况的不同而引起的，就应通过进一步试验加以确定。应从每个分段钻取足够数量直径为150 mm 的芯样，以便保证获得沥青面层的组成及其性能的代表性数据。一是在对芯样进行试验之前，量测芯样获得下列数据：各层厚度、层间结合情况、是否有剥落、裂缝深度等。二是对芯样进行试验，包括劈裂强度、抽提试验，以确定级配和沥青用量等。

（四）预防性养护策略选择

根据以上过程判断路面病害的性质、病害严重程度、病害范围、病害原因以及现有路面的强度，结合材料试验考虑采用哪一种养护或修复策略。

在选择养护或修复策略时，还应考虑以下因素：道路的使用和交通水平、气候和环境因素、处理费用、预期寿命、合格工作者和承建商的可用性、优质材料的可用性、时间的安排、路面噪声等。

四、沥青路面预防性养护决策方法

沥青路面预防性养护需要一个科学合理的决策方法，确定在什么时候需要进行养护，需要采取什么养护措施进行养护。结合公路养护与管理的任务，传统的养护决策模式已经不能适应以快速、安全舒适、经济为服务宗旨的现代公路养护要求，我国大规模的公路养护需求要求我们建立一种基于现代技术条件下的科学的养护决策方法，使公路养护资金以及养护性能达到最优。

一般来说决策指的就是一种比较系统的方法或者过程，它对当前的状态进行系统的评估，并对未来的发展进行分析，做出准确判断之后，选择适合的对策，尽可能地满足系统的要求。那么就高速公路而言，需要对养护资金的分配和养护计划的制订进行决策。目前，美国许多的机构和组织开发了新的决策方法即对一种既定的路面状况选择合理的养护或修复策略。

（一）国内养护决策方法

目前，我国高速公路路面的养护决策主要包含两个层次，一是网级路面，对网级路面的管理主要是对路况的调查以及对路况的评价，为省、市级公路管理部门提供依据，有助于其制订资金需求计划、分配方案，以及对预防性养护的先后次序做出决定；二是项目级路面，对项目级路面管理来说，主要是选定最终项目，是对网级管理系统运行结构的进一步分析，确定年度安排从而实现网级目标。对项目级路面的管理主要是对公路网资金分配状况和养护工作进行安排，综合分析各项评估结果之后，选择出具体的养护维修措施。

目前，我国还没有形成成熟的公路养护科学决策模式，部分省市各公路管理机构和高速公路经营企业通过近年来不断引进先进的公路快速检测技术及设备，研究和建立以路面管理系统为核心的公路路面管理系统，公路养护管理的内容及流程，如图 6-3 所示。

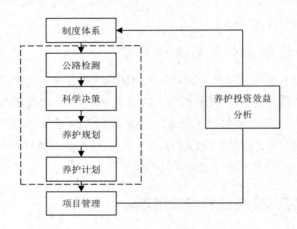

图 6-3　公路养护管理的内容及流程

各省市的公路养护管理部门，需以路面分项评估和养护资金的情况为基础，结合路面管理系统，综合分析之后，对路网的资金需求计划和分配方案进行统筹安排，决定公路养护的先后顺序。预防性养护决策是预防性养护过程中至关重要的一个环节，如果采用一项不合理的维修措施（方法或时间不合理），实际上会提高路面问题发展的概率。

1. 规范的养护决策方法

由于路面具有多种使用性能，所以其评价体系是一个多指标的评价体系。就高速公路而言，*PCI*、*RQI*、*SFC* 或 *BPN*、*SSI* 这四种评价指标是沥青路面选择养护决策时的基准。当沥青路面的这四种指标都保持在良好及以上时，我们将预防性养护作为主要的养护维修决策。

2. 基于组合路况指标的决策方法

在确定路面使用性能之后，我们更加需要确定的是各个路段这四项指标的组合状况。单凭某一项指标来判定路况的好坏，太过笼统和片面，并不能反映路面的真实状态。目前，我国在制订高速公路路面养护对策时依据的各种规范和标准，都是单向指标或者几个单项指标相结合的情况。因此，在高速公路养护方案制订之前，需要参考路面性能评价的组合状态。

在现行的评价标准中，有 *RQI*、*SSI*、*PCI*、*SFC* 或 *BPN* 等四项评价指标，每项指标又都有优、良、中、次、差五个等级，那么路面性能就会有 625 种组合状态，再加上对养护措施种类的选择会出现更多的组合状态，这种状态会导致求解困难。根据调查，在实际的路面状况中，这四种指标之间是相互联系的，一般情况下，当一种指标比较差的时候，其余的指标也不会太好，很少会出现某一项指标较差，其余指标优良的状况。因此，国内的一些研究人员，参照相关的养护管理技术规范，对路面的组合状态进行了简化，具体如下。

RQI 简化为三级：优良级（80 ~ 100），中级（62 ~ 80），次、差级（0 ~ 62）。

SSI 简化为两级：强度足够级（80 ~ 100），强度不足级（0 ~ 80）。

PCI 简化为三级：优良级（70 ~ 100），中级（55 ~ 70），次、差级（0 ~ 55）。

SFC 或 *BPN* 简化为两级：能力足够级（62 ~ 100），能力不足级（0 ~ 62）。

简化之后的沥青路面性能组合状态最多有 36 种。这种简化后的组合，既能为决策提供依据，又解决了求解难的困难。在具体实践中，真正的养护决策还没有遇到这么多种情况，都是根据养护对策的选择，采用最有实际意义的组合状态。国内的研究者，在综合了参考资料和路面各项性能组合状态之后，提出了一些养护对策，如表 6-4 所示。

表 6-4 养护对策建议表

路面组合状态编号	*RQI*	*SSI*	*PCI*	*SFC*	建议养护对策	允许的对策
1	优、良	强度足够	优、良	能力足够	日常养护与小修	——
2	中	强度足够	优、良	能力足够	中修罩面	日常养护与小修
3	优、良	强度足够	中	能力足够	中修罩面	日常养护与小修
4	中	强度足够	中	能力足够	中修罩面	日常养护与小修
5	优、良	强度足够	次、差	能力足够	中修罩面	日常养护与小修
6	中	强度足够	优、良	能力足够	中修罩面	日常养护与小修
7	优、良	强度足够	优、良	能力足够	中修罩面	日常养护与小修
8	次、差	强度足够	中	能力足够	中修罩面	日常养护与小修

路面组合状态编号	RQI	SSI	PCI	SFC	建议养护对策	允许的对策
9	—	—	—	能力足够	中修加铺抗滑层	—
10	次、差	强度足够	次、差	能力足够	大修重建	中修罩面
11	强度不足	—	—		大修补强	

注：建议养护对策指按照规范标准要求应采取的措施，允许养护对策是在资金等条件限制下不得已可考虑采取的措施。

我国目前的决策方法是把路面质量指数、路面状况指数以及强度指数、抗滑指数等综合考虑后决定出具体的养护措施。但是上面几个指标都是由一系列经验回归公式得到的，因此可移植性并不高。

若经调查，路面不能承受现有交通量或者载重量，则应该对现有路面等级进行提高，可以通过加宽改建来提高路面的承载能力。具体实施方案，需要根据现有公路等级、交通量、当地经济状况等条件，按规范的要求进行专门的设计。

（二）决策树法

决策树和决策矩阵是世界各国常用的路面养护决策方法。二者均是根据某些规则和标准针对一种既定的路面状况选择合理的养护或修复策略的决策方法。并且在处置时机的选择过程中，它们是一种实用的辅助手段。在建立这两种决策方法过程中需要考虑的数据一般包括：①面层类型和施工资料；②道路功能的一个指标和交通等级；③至少一种路况评价指标，包括破损和粗糙程度；④关于损坏类型的详细信息，与荷载相关的损坏或一种特定病害类型的面积；⑤路线设计资料，确定是否需要加宽或者整修路肩；⑥道路的环境资料。

有些决策树仅用一些单个指标来作为选择处置方法的依据。也有许多决策树用代表综合性质的损伤标准来进一步简化选择过程，其中路面状况指数就是这些综合损伤指数中的一个例子。但这种决策树也存在一定的问题：这些处置方法并不是总能合理地表明实际损伤状况，尤其是在与路面修复有关的严重破坏的情况下。

如图 6-4 所示，为一个相对简单的选择养护与修复处置方案的决策树的例子，例中仅使用了少数几个方法来解释"决策树"这个概念。在该例（仅是为了表明目的而准备的）中，采用了结构破坏、环境因素引起的裂缝、面层磨损程度、疲劳开裂范围、车辙严重程度五个指标，每个指标按照程度不同划分为轻度、中等、严重三个等级，作为选择处置方法的依据。

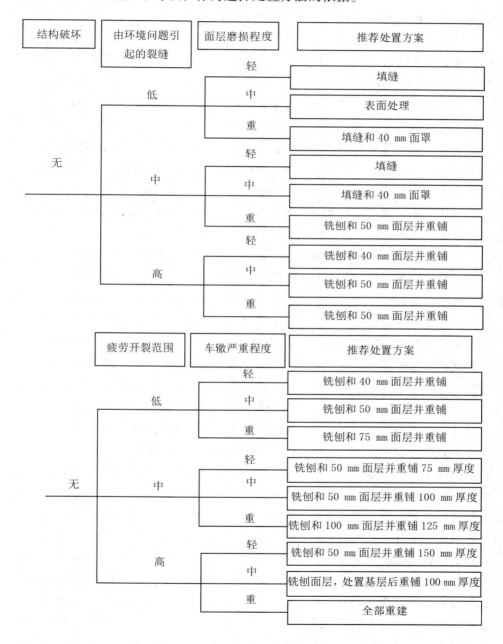

图 6-4　简化的沥青路面的养护与修复决策树法（仅为示例）

155

如图 6-4 所示，其中的决策树的标准解释如下。

①结构破坏，如果路面结构只发生了轻微的或没有结构破坏，相关处置方法仅用于维护初始路面的工作性能及其既定的使用寿命，那么此时是进行养护处置的最佳时机。如果存在路面结构破坏（以疲劳开裂和车辙的形式），那么相关的处置方法就应该更多地提高结构性能，例如，减缓结构破坏的速度和延长原路面的使用寿命。

②环境问题引起的裂缝指由于沥青路面的老化以及由于每天所承受的与温度循环有关的热应力的作用下，在沥青路面中产生的裂缝，包括纵向裂缝、横向裂缝与网裂。这种破损的处置方法旨在预防路面过分潮湿和减缓路面表面层的裂缝损坏速度。裂缝严重程度可定义为以下三种：轻度裂缝——路面上只有轻微的裂缝，进行填缝处理即可；中度裂缝——裂缝达到了一定的程度，仅采用填缝或许不具有成本效益；重度裂缝——路面上出现了大面积的裂缝，采用填缝根本不能满足要求，必须采用其他的养护或修复措施。

③面层磨损指发生在沥青路面表面（如表面层 20 mm 以内）的路面破坏，主要是轮胎的磨耗作用（如集料被磨光）和集料脱落（如风化）的结果。表面磨损的处置方法是清除被磨损的面层再重新加铺或者直接在磨损的路面上进行加铺。表面磨损程度可定义如下：轻度磨损——面层的构造深度和抗滑能力受到极小的影响；中度磨损——面层的构造深度和抗滑能力受到较大的影响，在潮湿状况发生事故的可能性增加；重度磨损——面层的构造深度和抗滑能力受到严重的影响，在潮湿状况发生事故的可能性达到（或超过）不能接受的程度。

④疲劳开裂是路面结构破坏和承载能力减小的表现。相应地，路面修复措施往往是铣刨和替换大量的热拌沥青混合料面层和基层。疲劳开裂程度可定义如下：轻度开裂——不到 1% 轮迹区域出现与荷载有关的裂缝，或许开始只是一条纵向裂缝；中度开裂——至少有 1% ~ 10% 的轮迹区域的裂缝可能是以网状形式出现，这种裂缝的破坏速度呈现上升趋势；重度开裂——有 10% 或更多的轮迹区域出现与荷载有关的裂缝，并有可能快速上升到整个路面区域。

⑤车辙这种永久性变形可发生在沥青路面的任何一层或多层中。如果热拌沥青混合料面层质量差（不合理的混合料设计、不适宜的结构设计或混合料发生离析），车辙能够在路面的 50 ~ 70 mm 深度范围内发生。如果结构设计不合理或路面上的荷载过重，在下面层以及自然状态的路基中都能产生车辙。一般来说路面修复方案的目标在于替换损坏或变形的层位。图 6-4 中推荐的处置方案是基于一定假设的，即车辙仅限于热拌沥青混合料的面层。车辙的严重程度定义如下：轻度车辙——车辙深度不超过 6 mm，在潮湿状况下一般不会发

生滑漂事故；中度车辙——车辙深度在 7 ~ 12 mm，在潮湿状况下不合理的横坡处可能会引起事故；严重车辙——车辙深度超过 13 mm，潮湿状况下发生事故的可能性明显增加。

（三）决策矩阵法

决策矩阵和决策树都是依赖一系列的规则或标准得出一个合理的养护或修复处置方案的，在这一点上，二者是非常相似的。但它们之间也存在一定的区别，主要是：决策树为处置方案的选择过程提供了一种更加系统、形象的方法；而表格式的决策矩阵，使得其能够以较小的空间储存更多的信息。

在联邦公路管理局进行的一项研究（该研究概述了预防养护处置措施及其有效性）中，有研究人员针对预防性养护处置方案提出了一个相对简单的决策矩阵，如表 6-5 所示。表中将沥青路面破损类型与可采用的处置措施联系起来。尽管该表没有明确提及再生利用，但是薄的冷拌或热拌沥青混合料加铺层都有可能含有再生利用的材料。

表 6-5　柔性路面破损类型及相应的预防性养护处置方法

破损形式	破损类别	可采用的处置方法
裂缝	疲劳裂缝	不能采用预防性养护措施
	块状裂缝（轻微或中等程度）	薄的冷拌加铺层、碎石封层、薄的热拌混合料加铺层
	边缘裂缝	处置裂缝
	纵向裂缝	处置裂缝
	反射裂缝	处置裂缝
	横向裂缝	处置裂缝
补丁和坑槽	补丁或补丁损坏	存在大量补丁的路面不适宜采用预防性养护
	坑槽	有坑槽的路面不适宜采用预防性养护
表面破损	车辙（路面挤密压实形成的）	用微表处填补车辙或铣刨石屑封层后采用冷拌加铺层，或直接石屑封层
	车辙（不稳定的沥青混合料导致的）	不适宜采用预防性养护
	推移	路面失稳，不适宜采用预防性养护
	油斑	砂封层、石屑封层、微表处
	集料磨光	稀浆封层、碎石封层、薄层热拌罩面
	松散	雾状封层、稀浆封层碎、石封层、薄层热拌罩面

为了推进对性价比最高的预防处置方案的选择的进程，对考虑了上述因素以及其他与具体工程相关的因素的处置方案，公路机构应理解其潜在的每个性能特征。事实上，这些因素取决于机构的规模和管辖范围的大小，它们将会随着地理区域的改变而改变。

　　决策树和决策矩阵这两种方法用于修复策略选择的主要优点如下：①它们反映了公路机构通常采用的决策过程；②可以灵活修改决策标准以及相关处置方案；③能针对某一路况形成一致的推荐方案；④通过这两种方法可相对容易地解释选择过程并对其编程。

　　因此，这两种决策方法均可被高效地运用于选择或辨别合理的预防性养护处置方案，此外，它们还可以用于决定路面日常养护和修复方法。这两种方法主要的缺点是：它们一般仅被设计成只关注在过去表现良好的一种（或两种）处置方法，而往往会忽略新的、改进过的或许更有效的处置方法。决策树和决策矩阵的具体优缺点，如表6-6所示。

表6-6　决策树和决策矩阵的优点和不足

优点	利用现有经验
	适用于当地情况
	是一个项目级的好方法
不足	机构与机构之间不能很好地进行转换
	对于新的处置方法的使用有一定的局限性
	很难包含所有重要的影响因素
	很难开发适用于多种路面破坏类型的矩阵
	不包括确定成本效益最好的方案
	不宜进行网络评估

　　此外，应该注意的是：决策树和决策矩阵的使用并不能保证能够得到最佳的选择或性价比最高的处置方案。一般来说，为了达到最佳效果，还需要考虑成本和时机。

（四）成本效益法

　　成本效益分析法也被称作是费用效果分析法，指通过多种经济技术方案都可以实现某一特定目标，但是这些方案在费用消耗和目标实现的效果上是不同的，通过分析研究，从中选出效益费用比最高的方案。

　　目前，使用最多的成本效益分析方法有四种，分别是寿命周期费用分析、费用效益率分析、等效年度费用、长寿命费用指数，这四种成本效益分析方法的参数及输出，如表 6-7 所示。其中等效年度费用法，运算方式简单，常被用来评估预防性养护措施的成本效益。计算方法如下：

$$等效年度费用 = 单位费用 / 期望寿命 \qquad (6-1)$$

6-7　常用的成本效益分析方法

方法	参数	输出
寿命周期费用分析	利率、通货膨胀、分析期、措施的单位成本、措施的期望使用寿命	计算每个建议措施的等效年度费用，最小者为最佳措施
费用效益率分析	路面的使用性能曲线	路面使用性能曲线下的面积相当于效益
等效年度费用	设备、人工、材料的单位成本	每个期望寿命内的单位成本
长寿命费用指数	单位成本的现值、交通荷载、措施的使用寿命	建立措施费用现值和交通量之间的关系

五、沥青路面预防性养护方案实施程序

（一）确定计划的指导方针

确定计划的指导方针主要是明确该预防性养护计划的总体战略以及目标。例如，环境安全、项目协调等。关于技术方面，主要还是根据需求确定采用什么样的系统。并且要建立起评估系统，来衡量特定目标的完成情况。

（二）确定养护需求

沥青路面的养护需求可以根据 PMS 数据来确定，但是由于 PMS 显示的只是濒临破坏的路面的情况，缺少早期实施路面保护的指标。所以该数据并不能完全满足需求。一般情况下，还是需要专门的人工或者自动化仪器去对该路段的具体情况进行调查，然后利用破坏性取芯、平整度仪等补充数据。此外，大量的项目技术档案数据也会影响路面评价，如日交通量、卡车百分比、项目位置等。

（三）提供措施选择框架

在对沥青路面进行预防性养护时，要选择适合沥青路面病害类型、程度以

及适合当地气候,能够实现期望服务性能的养护措施框架。目前,对于预防性养护措施的选择主要采用的方法有决策树和决策矩阵两种。决策树法,是根据不同因素的养护措施,建立起系统的树形结构形式,每一个分支都代表着路面类型、交通量、功能级别等具体条件,对其不断地细化,综合考虑组合状态,最终总结出合适的预防性养护方案。采用决策树的方式,易于理解,比较直观。在选择对策的过程中,需要经过调查,充分考虑当地工程师的经验,来确定各种组合条件的可能对策。美国某州考虑裂缝病害的预防性养护决策树,如图6-5所示。

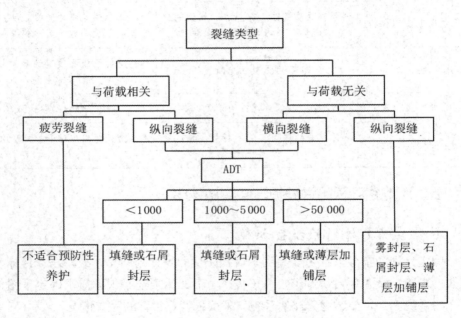

图6-5 应对裂缝病害的预防性养护决策树

仅从表面看的话,决策矩阵和决策树是很相似的,两者的主要区别是决策矩阵更加系统化,采用表格的形式能够容纳更多的信息。针对交通量和裂缝状况的几种预防性养护措施决策矩阵表,如表6-8所示。

表 6-8　针对交通量和裂缝状况的几种预防性养护措施决策矩阵表

路况		参数值	措施				
			薄层加铀	稀浆封层	封缝	微表处	雾封层
交通量	ADT车道	< 1 000	有效	有效	有效	有效	有效
		1 000 < ADT < 4 000	有效	有效	有效	有效	有效，需要严格控制
		> 4 000	有效	有效	有效	有效	有效，需要严格控制
	车辙	< 3/8 in	有效	有效	有效	有效	有效
		3/8 in < R < 1 in	有效	尚可－不合适	有效	有效	无效
		> 1 in	有效	有效	有效	尚可－控制	无效
裂缝	疲劳	轻	有效	有效	有效	有效	尚可
		中	有效	尚可	尚可	尚可	无效
		重	尚可	无效	无效	无效	无效
	纵向	轻	有效	有效	有效	有效	尚可
		中	有效	尚可	有效	尚可	无效
		重	尚可	无效	有效	无效	无效
	横向	轻	有效	有效	有效	有效	尚可
		中	有效	尚可	有效	尚可	无效
		重	尚可	无效	尚可	无效	无效

第三节　高速公路沥青路面预防性养护的时机

一、预防性养护时机的选择原则

沥青路面预防性养护是在路面状况良好的状态下对现有路面采用有计划的、基于费用和效益的养护策略。长期以来，人们在面对路面养护与维修的问题上，总是习惯等到出现破损才去维修，还没有意识到在路面良好的状态时进行养护。事实证明，对沥青路面实施预防性养护，可以有效延缓路面破坏，推迟路面大、中修以及重建等高费用项目的时间。预防性养护中最重要的步骤便是养护时机的确定。

对沥青路面进行预防性养护的时机在一定程度上决定了预防性养护的经济性和有效性。路面状况尚处于良好状态时是进行预防性养护的最佳时机，或者是在出现某些路面病害预兆的时候进行预防性养护。在选择沥青路面预防性养护时机时，需要遵循以下几项原则。

①在路面出现破损之前进行预防性养护处理。在传统的观念中，人们认为只有当路面出现病害的时候才需要维修，但是对预防性养护来说，等到病害出现就太迟了，已经错过了最佳养护时机，无法使路面达到预期的性能。

②虽然要在病害出现之前进行预防性养护，但是也不宜过早，否则会造成资源的浪费，甚至会使其他路面问题出现。

③沥青路面的养护方案众多，养护的最佳时机应该根据养护方案决定，同时还要考虑地区、结构、路面类型等因素，应综合分析之后科学地选择最佳养护时机。

二、预防性养护时机的确定

一个有效的预防性养护程序的另一个重要步骤是确定所选择养护方法实施的最佳时机。目前，对沥青路面进行预防性养护的处置方案有很多，不同的养护方案的最佳养护时机也不同，需要根据选择的预防性养护方案来综合分析，确定最佳养护时机。下面是几种常用的路面预防性养护最佳时机的选择方式。

（一）基于时间、路况的方法

一个合理的养护维修方案可以提供一个最具成本效益的养护措施。一般养护措施根据路面类型、状况和其他重要因素确定。适当的养护措施需正确的养护时机以保证路面达到设计功能，并保证养护项目最具成本效益。预防性养护是为了保持路面良好的使用功能，使其不致出现功能失效现象。

1. 交通载荷

日交通量和重载车的数量直接决定着对路面施加的载荷强度，载荷强度从两方面影响着预防性养护技术的选择。一方面是不同的预防性养护技术所能承受的交通载荷强度是不一样的，如裂缝的填封几乎不受交通载荷的影响，适用于各种不同等级的道路上，普通沥青的稀浆层承受交通载荷的能力很差，因而不适用于交通量大的道路，石屑封层由于会受到石屑脱落的影响也很少用到高速公路上等。另一方面的影响表现在预防性养护时机的选择上，道路性能恶化的速率与交通载荷的强度有着密切的关系，交通强度大的道路其路面性能变化曲线的斜率大，因而预防性养护周期应比交通强度低的道路更短。

2. 气候条件

气候条件对预防性养护技术选择的影响至少表现在以下方面。

①气候分区对预防性养护效果的影响。不同的预防性养护技术对不同气候条件的适应性是不一样的，如 3～4 cm 的薄层罩面适用于各种气候条件，而 1～2 cm 的超薄层罩面由于散热快而极少用于寒冷地区。同样，薄层罩面虽然也常用于寒冷地区，但对于温度裂缝的防置作用不如裂缝填封，而超薄层罩面与稀浆封层抵抗温度裂缝的能力差而不适用于寒冷地区。

②施工的气候条件对预防性养护性能的影响。施工的气温、湿度和时节对于不同预防性养护效果的影响也是不同的，如对于 3～4 cm 的薄层罩面来说，只要不是十分寒冷的季节和雨天一般都能施工，对于温度裂缝的填封则希望在春秋季、中等温度（7～18 ℃）、裂缝有中等开度时填封，对于石屑封层则希望在初夏时施工，稀浆封层则希望避免在严寒和炎夏时施工等。

3. 原路面条件

原路面条件是影响预防性养护适用性和预防性养护技术选择的最主要的因素，也是现场工程条件评估的重点。原路面条件对选择预防性养护工程和预防性养护技术的影响体现在以下三方面。

①原路面的承载能力。原路面的承载能力是决定是否适合于进行预防性养护的决定性因素，因为预防性养护不可能改善路面的结构强度。如果原路面的承载能力不足，任何一种预防性养护技术都不可能取得良好的效果。

②原路面综合性的路况条件和服务能力。路面的服务能力通常极少是由单一的路况条件决定的，而大都由多种因素决定。例如，路面的平整度、破损的情况、抗滑性能等。路面服务能力不仅取决于这些因素本身的水平，而且也与因素之间的权重有关。

③原路面病害的类型、密度和严重程度。在路面性能恶化的过程中，不同时期需要采用不同的养护、维修手段来处理路面各种类型的病害和损坏。预防性养护所能解决的只是路表面的病害。因此，首先，那些发生在路面各结构层的严重的结构性损坏，如路面不均匀沉降造成的纵向裂缝、翻浆、冻胀，严重的高密度的龟裂，严重的坑洞、唧浆，严重的由于下层承载能力不足造成的车辙、推移等，通常只能通过路面的翻修来解决。其次，对于那些局部性的结构性损坏，如边缘损坏严重有很多分支裂缝的纵向和横向裂缝，横向不均匀沉降引起的横向裂缝，较浅的坑洞，深度较浅的车辙、拥包、推移等，应采用矫正性（修复性）的养护手段来处理，也可在局部损坏修复的基础上覆盖预防性养护的封

层。最后，对于局限于磨耗层的病害，如密度较大由老化而造成的浅层网裂，温度裂缝，浅层的车辙、变形等，可采用复原性的养护手段来处理。

4. 对预防性养护施工时间的限制

为尽可能减少养护施工对道路通行的干扰，希望尽量减少预防性养护的施工时间。这对于交通量大的高速公路、干线公路显得尤为重要。通常希望预防性养护作业能在夜晚进行，白天即能开放交通。有些预防性养护技术需要较长的开放交通时间，这也是在选择预防性养护技术的类型时需要考虑的。

5. 期望的性能与费用

期望的性能与费用是选择预防性养护技术的重要约束条件。预防性养护技术的性能通常用两项指标来评价，一项是预防性养护技术本身的寿命，另一项是实施预防性养护后，路面能延长的寿命。预防性养护技术本身的寿命虽然能在一定程度上反映出实施此项技术原路面所能延长的使用年限，但由于受到交通载荷条件、气候环境条件的影响，实际值与理论值之间并非总是一致的。例如，普通的稀浆封层本身的寿命通常为 3 ~ 4 年，使用在交通强度低的道路上，它延长原路面的寿命可能为 4 ~ 5 年，但使用在交通强度高的道路上，其能延长原路面的寿命可能只有 1 ~ 2 年，因而稀浆封层不适宜用于交通强度高的道路上。同样，微表处技术本身的寿命通常为 4 ~ 6 年，它用在交通强度高的道路上能延长原路面 3 ~ 5 年的使用寿命，因而比稀浆封层更适合用于交通强度高的道路。

虽然预防性养护的费用与其性能没有直接的关系，但是这两者之间往往是有矛盾的，通常延长路面使用寿命，性能较高的预防性养护技术，其费用也较高，而延长路面使用寿命的本身又与交通强度、气候条件等影响因素有关。因此，需要在性能与费用之间找到一个最佳的结合点。

（二）效益费用法

对于预防性养护来说如果养护措施在最佳时间前应用，需要的费用较少，但是对路面性能提高的幅度不大；如果在最佳时间之后应用，虽然会对路面性能有较大幅度的提升，但是产生费用较大。因此，确定路面进行预防性养护实施的最佳时机可以采用效益费用法。

效益费用法是用效益与费用的比值来对进行预防性养护实施的最佳时机进行衡量的。费用采用单价的形式，如元 /m²，效益是根据预防性养护后，期望延长的路面寿命或性能曲线下增加的面积来表达的。路面预防性养护措施实施后必然会导致路面性能发生变化，从而性能曲线也将发生变化，性能曲线是由路面数据（如路况、荷载、气候和维修养护）来确定的。

1.当量年费用法

当量年费用法是一种较为简单的评估费用效益的方法，它只需要很少的信息（处理措施的费用和期望寿命），适用于比较具有类似效果的预防性养护措施的短期费用效益，如具有类似效果的稀浆封层、微表封层、石屑封层在铺设在原路面后的费用效益比较。当量年费用 EAC 按下式计算。

$$EAC = \frac{UC}{L_{EX}} \qquad (6-2)$$

式中，EAC——当量年费用；

　　　UC——处理措施的单价；

　　　L_{EX}——该处理措施延长路面使用寿命的期望值。

在当量年费用的计算中最为关键的是处理措施延长路面使用寿命的期望值，它应以大量的统计数据作为依据，并应结合当地的施工技术水平来确定。延长使用寿命的确定可以有两种方法，一种是根据从实施处理措施时原路面的路况条件出发到处理后路面的路况条件衰减至同一水平时所经过的时间来确定，另一种更具鉴别力的方法是根据处理后路面的路况条件衰减到某一临界值与原路面不做处理衰减至同一临界水平经历的时间之差来确定，如图6-6所示。

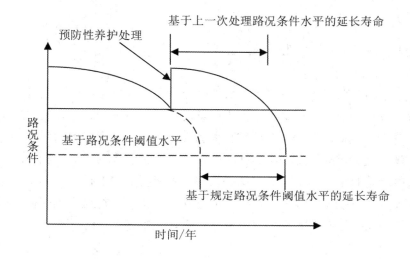

图6-6 预防性养护处理措施延长的路面使用寿命的确定

2. 效益费用比法

效益费用比法需要分别计算路面从新建开始到某一分析周期（全寿命周期）内的全部效益和全部费用。全寿命周期内的效益由路面性能曲线下的面积来确定。全寿命周期的费用由以下四部分组成：折算至现值的初始建设费用、在全寿命周期内产生的按贴现率折算至现值的养护和修理费用、在全寿命周期内按贴现率折算至现值的道路使用者（用户）产生的费用、在到达分析期限时按贴现率折算至现值的残余价值。

全寿命周期费用可以按下式计算：

$$TLCC = IC + \sum_{j-1}^{n} M\&R \times \left(\frac{1}{1+r_{dis}}\right)^{j} + \sum_{j-1}^{n} UC \times \left(\frac{1}{1+r_{dis}}\right)^{j} - VS \times \left(\frac{1}{1+r_{dis}}\right)^{n} \quad （6-3）$$

式中，$TLCC$——以净现值表示的全寿命周期费用；

IC——折算至现值的初始建设费用；

$M\&R$——第 j 年内产生的养护维修业务费用；

UC——第 j 年内产生的用户费用；

SV——在到达分析期限时的残余价值；

r_{dis}——贴现率；

n——按年计的分析期限。

效益费用比按式（6-4）计算。

$$BCR = B / TLCC \quad （6-4）$$

式中，BCR——效益费用比；

B——总效益。

从上述两个公式中可以看到，虽然效益费用比法能更好地比较各种方案的长期费用效益，但它必须建立在大量信息的基础上，无论是计算效益的信息还是计算费用的信息，如果没有可靠数据的支持都可能产生很大的误差。对于效益的计算，最主要的信息是原路面实施预防性养护和大修后的性能衰减曲线。预测这些衰减曲线最为可靠的方法是从现有的数据库中获得所需的统计数据，利用统计数据对衰减曲线进行预测。但是在实际工作中往往很难获得所需的统计数据，因此在路面性能曲线的预测方面还有许多有待研究的课题。

（三）寿命周期效益评估法

所谓寿命周期效益评估法指在生命周期内，在能够满足所要求的性能的前提下，采用消耗费用最低的方案，也就是确定投资成本的最佳值。这也是目前应用比较广泛的一种方法，在路面需要进行大、中修以及改建方案选择时经常使用。预防性养护的目的是推迟修复、重修这种高成本的措施的实施，是提前支付养护费用。不同时期支付的养护费用不同，并且养护效益和经济价值也不同，因此，非常有必要采用寿命周期效益法进行经济分析。

各种处置措施的最佳养护时机取决于道路的交通水平和环境因素，如表6-9列出了常用处置措施的最佳养护时机。为尽可能地降低路面寿命周期成本，各单位应根据当地实际情况开发合适的最佳养护时机选择方法。

表6-9　各种处置措施养护时机

处置措施	时间／月	处置措施	时间／月
雾状封层	1～3	稀浆封层	5～7
裂缝密封	2～4	薄加铺层（包括面层再生利用）	5～10
碎石罩面	5～7	—	—

第七章 高速公路沥青路面预防性养护技术

我国高速公路建设已经进入以养护为主的时期，对于沥青路面的预防性养护技术含量越来越高，我们要采用新技术、新材料和新工艺提高高速公路的适用品质，延长高速公路的使用寿命。本章分为裂缝填封类预防性养护技术、表面涂刷类预防性养护技术、封层类预防性养护技术、罩面类预防性养护技术、预防性养护的新发展五个部分。

第一节 裂缝填封类预防性养护技术

一、概述

高速公路沥青路面的裂缝是一种常见现象，裂缝填封就成了常用的养护技术，按照裂缝的缝宽不同要采取不同的养护工艺，裂缝≤6 mm 的养护就属于预防性养护。通过使用科学合理的裂缝填封，可以有效防止水分渗透导致的路面裂缝、避免更加严重的坑槽等病害现象的出现，减缓高速公路沥青路面的使用功能的退化，延长高速公路的使用寿命，这种预防性养护技术也是最经济实惠的高速公路养护技术之一。

研究微小裂缝并对其进行技术处理是裂缝填封预防性养护技术的关键问题，一般的养护处理如下。

①裂缝缝宽≤2 mm 时，用普通的热沥青或者乳化沥青直接灌缝密封处理，由于缝宽比较小沥青很难渗进去，封层的厚度比较薄，因此这种情况进行处理不会取得良好的养护效果，不做处理又存在着潜在的危害。

②2 mm ≤裂缝缝宽≤6 mm 时，裂缝没有发生结构性损坏，因此不做过多的养护处理，可以在路面上做贴封式的微处理，防止由于雨雪渗入而使得裂缝扩大。

③对于单位面积内发裂严重的路面要做表面封层处理。

现有的裂缝填封材料主要有热灌式普通橡胶沥青和改型热沥青（施工要求低、价格低廉）、有机硅树脂（施工条件要求高、价格昂贵）和冷灌式填封材料（无须加热、施工条件较少）等。

由于裂缝密封材料和橡胶沥青的不断改进、科学技术的不断进步，出现了高黏度、高弹性、高承受弹塑性的裂缝密封胶，促进了微小裂缝处理技术的新发展。许多国家的高速公路沥青路面利用微小裂缝贴封技术，有效防止了雨雪的渗入，避免了由于水分侵入而使得路面沥青发生冻胀或剥落的病害，也有效避免了更为严重的高速公路沥青路面的损坏。

二、普通或改性热沥青灌缝

（一）工艺流程

由于沥青具有良好的黏弹性，沥青灌缝可以有效防止水分的渗入，可以采用普通沥青（如 AH-90 号基质沥青等）或者有较好封堵效果的 SBS 改性沥青（高软化点、高黏附性、较好的温感性）等。

采用热沥青灌缝的工艺流程如图 7-1 所示。

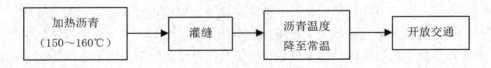

图 7-1　热沥青灌缝工艺流程

（二）优缺点

采用普通或改性热沥青灌缝的高速公路沥青路面的预防性养护，其优点是：①需要投入较少的设备和人员；②操作方法简单；③用于修补路面的成本低；④开放交通的速度较快。

这种技术也存在以下一些缺点：①裂缝没有经过清扫就进行灌溉，使得裂缝黏结有可能不够牢固，养护处理的第二年需要重新灌缝处理，增加了路面养护费用。②夏季高温时沥青膨胀溢出，易被过往的车辆带走，造成灌缝所用材料流失；冬季低温沥青易脆断从而失去了预防养护的作用。③由于是在路面的表层做的灌缝养护，难以保证沥青渗入裂缝。④施工作业面广、离散且作业时间长，增加了作业的危险性。

三、溶剂型常温改性沥青灌缝

这种技术是在普通沥青中加入改性剂进行灌缝养护，常温下施工不需要加热改性沥青，具有很好的低温稳定性和渗透性，此种技术的工艺流程如图 7-2 所示。

图 7-2　溶剂型常温改性沥青灌缝工艺

这种养护技术对于施工的设备要求低，流程也比较简单，只需在煤气罐中加压，利用煤气罐进行 2 ～ 3 遍的灌缝就可以开放交通，灌缝的效果也比较好，这种养护技术可使高速公路的使用寿命延长 3 ～ 5 年。但是这种技术的缺点就是加入的改性剂材料价格高，因此成本高。

四、灌缝胶处理

灌缝胶也是我们常说的密封胶，是由多种高分子聚合物加工而成的，具有较强的黏结性、弹性，拉升量大，不溶于水，高温不流淌低温不脆断。这种灌缝胶主要从国外引进，灌缝胶根据不同的材料组成具有不同的性质，主要有沥青改性和化工类两种，用于高速公路路面预防性养护时，要根据所在地区的气候条件、道路情况等综合条件，选择合适的灌缝胶产品，达到道路养护的有效预防。

我国目前灌缝胶材料的技术标准，参考美国 ASTM D669 0-2015 规范要求，如表 7-1 所示。

表 7-1　灌缝胶技术性能指标

试验项目	试验方法	技术要求	
		I 型	II 型
针入度 25 ℃，0.01 mm，最大	ASTM D5329－2015	90－	90
弹性恢复，25 ℃，最小		－	60
流动度，60 ℃，最大		5	3
沥青兼容性		通过	
黏结拉伸试验，－18 ℃		拉伸 50%，5 循环通过	－29 ℃拉伸 50%，3 循环通过

　　灌缝胶处理裂缝的施工中，需要开槽和清槽，这样可以使裂缝路面更加的规整、美观，可以增加灌缝所用材料的黏结性，提高灌缝中裂缝处理的效果，因此利用灌缝胶处理裂缝，在高速公路养护方面得到了广泛的应用。

　　这种养护技术的工艺流程如图 7-3 所示。

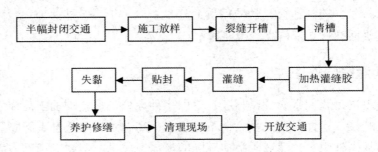

图 7-3　灌缝胶处理裂缝的工艺流程

五、抗裂贴处理

　　抗裂贴为 1.3 mm 厚的聚合防水膜，与 0.3 mm 厚的抗皱重载型聚丙烯机织物经严格工艺碾压制成宽度为 97.8 mm 的卷材。它适于裂缝病害已发展，面层边部一定范围内混合料已发生松动，但结构层尚好，单纯灌缝处理不能较好地解决水分浸入的情况。

　　采用抗裂贴做灌缝养护的施工工艺如图 7-4 所示。

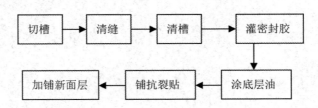

图 7-4 抗裂贴处理裂缝工艺

这种裂缝处理养护技术的优点有如下几点。

①聚合防水膜与下部结构层可以有效结合，能有效防止雨雪天气中水分的渗入。

②抗裂贴较薄的厚度也能有效防止上层面发生破坏。

③聚合防水膜具有一定的宽度，一定程度上可以分散路面裂缝发展可能产生的应力集中。

六、压缝带处理

压缝带是一种以沥青、改性剂为主要成分的宽度不等的带状产品，压缝带的上面有一层塑料薄膜，保护其上表面不会受到污染。压缝带有自粘和热粘两种类型。自粘型的压缝带在常温下便可以使用，是由于其黏结力强；热粘型的压缝带要使用液化气喷枪烧烤裂缝的表面，利用裂缝余温软化压缝带然后进行粘贴。

压缝带处理裂缝的施工工艺如图 7-5 所示，这种方法简便快捷，由于其良好的耐久性，得到了广泛的推广和应用。

图 7-5 压缝带处理裂缝工艺流程

用魁道压缝带填封裂缝后，对路面进行测试，测试数据如表 7-2 所示。

表 7-2 技术测试数据表（按照丹麦 DIN4062 测试标准）

性能	测试结果	推荐值
抗老化质量的改变率 /%	+0.011	≤ 2.0
软化点 /℃	103	≥ 100
抗冷性 0 ℃±1 ℃ 测试球加热后进行降落测试 （100 ℃ /15 h）	在降落测试中， 3 个测试球都 没有开裂	2/3 的测试球 不会裂开
加热改变球的形状（50 ℃ /24 h）	1.43	≤ 4.0

性能	测试结果	推荐值
弯曲 0 ± 1℃，弯曲棒的直径 50 mm，弯曲度 180℃	没有开裂	不会裂开

魁道压缝带处理裂缝的养护，有如下优点。

①裂缝处有很强的黏结力，很好地补充了裂缝两边的强度。

②即使在低温条件下裂缝处依然能保持很好的弹性。

③用压缝带做养护的裂缝，防水和防生物化学品的侵蚀能力强，裂缝填封的效果也比传统的灌缝措施要优越。

④这种养护技术施工过程中不需要投入设备，需要的只是一只液化气罐、一支用于烧烤裂缝的喷枪。

第二节　表面涂刷类预防性养护技术

一、概述

表面涂刷类预防性养护技术，是采用不同的喷洒或者涂刷的材料和方式在高速公路沥青路面增加一层薄薄的养护层，达到防水、封缝、抗老化等预防作用，延长高速公路的使用寿命。

从施工工艺角度，表面涂刷类预防性养护技术可以分为增加雾封层和增加还原剂封层两种施工方法，它们有以下一些优点和缺点。

（一）优点

①抗老化性。这种涂层养护的沥青路面，虽然经过长时间的紫外线照射，仍然能使部分老化的路面保持柔韧性，还能保护没有老化的沥青。

②防渗水功能。高速公路受雨雪天气或者行车车辆碾压的影响，路面表面层的空隙率加大，也会形成许多微小的裂缝，水分会渗入路面结构层，侵蚀结构层，降低路面结构层的强度。表面涂刷类预防性养护技术就能起到很好的保护路面的作用，有很好地防止水分渗入的功能。

③耐油污性能。高速公路检修或者是行车车辆漏油会对路面造成污染，腐

蚀路面并影响路面的耐久性。采用表面涂刷技术养护的路面能提高路面耐油污性能。

④抗滑耐磨耗性能。高速公路由于车轮的磨耗、冲击等作用，会大大降低路面的构造深度，降低行车的摩擦力，严重影响行车的安全。采用这种养护技术施工时在涂层硬化前可以撒一层砂，或直接将耐磨性好的砂与涂层材料共同搅拌均匀后再涂刷，这样大大提高了原有路面的抗滑性能。

（二）缺点

①施工后需要一定的时间才能开放交通。

②需要严格把控路面单位面积的涂刷材料的涂刷量，过多会在路表面形成一层薄膜而使路面丧失摩擦阻力。

③路面撒砂虽然能提高路面的摩擦力，却会降低与路面的黏结力，高速行驶的车轮会带出砂，这样就降低了路面的抗滑能力。

二、雾封层

雾封层技术是利用专用洒布车在沥青面层上喷洒一层薄薄的、高渗透性乳化沥青或改性乳化沥青，一次性完成施工，在路面上形成一层严密的防水层将路面封闭。雾封层可起到隔水、防渗、保护路面功能的作用，具有良好的抗磨耗能力，最大限度地减少水损坏影响，增强路面集料之间的黏结力，节约公路养护的成本，延长高速公路使用寿命。

高速公路沥青路面最多的病害都是由于水分渗入造成的，轻度或中度的细料损失、松散的路面，产生比较密集的细微裂缝路面，都可以利用喷洒乳液的方法而有效、直接地解决。使乳液有效填充裂缝，可解决路面的渗水问题，这种技术适用于任何交通量的高速公路。

雾封层恢复了沥青路面的黏附性，更新和保护了老化的路面，保证了低温下路面也不会受到损害，还加深了沥青路面的颜色，加大了沥青路面与路标的对比度，由于其耐久性，可以节约路面养护的成本。

三、还原剂封层

高速公路沥青路面长时间在温度、光照、水、大气等自然因素作用和行车荷载作用下会逐渐发生老化，从而失去弹性、容易脆断。路面开裂、松散，抗水抗损坏能力降低，也严重降低了沥青路面的使用功能，给高速公路行车带来安全隐患。

还原剂封层养护技术将专门研制的还原剂或再生剂通过一定的技术手段喷洒在已经老化的沥青路面上，使老化的沥青膏体得到更新，同时也保护了尚未老化的沥青，还原路面的路用性能，减缓沥青路面的老化速度，有效地解决了高速公路沥青路面老化的问题。主要的还原剂封层及其性能如表 7-3 所示。

表 7-3   主要还原剂封层及其性能

还原剂封层类型	材料成分	技术	性能、优缺点
TL-2000 聚合路面强化剂	黑色液态单一成分的微沥青聚合物	常温下施工，渗入沥青混凝土中发生化合作用，形成一层反应膜	弹性、塑性、防紫外线辐射、耐酸碱、耐油，防渗水、抑制水损坏，保护路面，还原再生老化沥青路面，延长使用寿命。使用方便，1～2小时就可以开放交通
沥再生 RejuvaSealTM	呈黑色油状，由多种成分按一定比例合成	直接涂刷在沥青路面，形成密封层，一个月后沥青再生渗透沥青结构层，与沥青融为一体	补充沥青所需的极性物质，恢复老化沥青的活性、弹性、柔韧性、黏结力，缓解路面的脆裂。再生沥青有较强的抗腐蚀性、耐久性、抗滑性
魁道沥青复原剂	含活化物的冷混合物，具有双组分	材料渗透→激活老化胶质→恢复弹性→形成新的保护膜	激活老化沥青胶质，恢复其原有活性、黏结性、弹性、抗疲劳性，改善路用性能，延长使用寿命。适用开级配、密级配路面类型，能有效渗入、黏结沥青结构层
ERA-C 型沥青再生剂	由妥尔油树脂、石化沥青形成的混合乳化液	妥尔油树脂渗入与沥青进行化学反应	改善老化沥青的性能，延长沥青混合料的耐久性。黏结性强、流动性好、渗透性高、防水性密致，适应性强
STAR SEAL SUPREME	以精制煤焦油沥青乳液为主，添加有橡胶类高分子聚合物和表面活性剂的混合物	与石英砂搅拌后进行 2～3 遍的涂刷，形成保护层	有弹性，较强的黏结性、抗水性、耐油性、抗腐蚀性、抗老化性，可降低水损害，硬化速度快，可提升路面品质，美化沥青路面。其物理特性如表 7-4 所示

表 7-4   STAR SEAL SUPREME 物理特性

类型	物理特性	ASTM 规格 5727-95
固体，质量百分比	最小 50%	47%～53%

类型		物理特性	ASTM 规格 5727-95
灰分，固体质量百分比		36% ~ 38%	30% ~ 40%
二硫化碳中非挥发物溶解性 /g		29 ~ 31	最小 20
表观密度 25 ℃ /（g/mL）		1.22 ~ 1.25	最小 1.2
干燥时间 /h	可接触	1	—
	完全定型	6	最多 8
外表，湿度		巧克力棕色半液体	—
干燥后的颜色		蓝黑色	—

第三节　封层类预防性养护技术

一、同步碎石封层

同步碎石封层是路面预防性养护技术的新发展，在 20 世纪 90 年代的欧美各国广泛应用。这种技术是用同步碎石封层车将碎石及黏结材料（改性沥青或改性乳化沥青）同步铺撒在路面上，通过自然行车碾压形成单层沥青碎石磨耗层，主要作为路面表面处理层使用。

这种预防性养护技术最大的优点是黏结材料和石料同时铺撒，同步进行，这样撒到路面上的高温黏结材料可以及时地和碎石料融合。黏结剂的喷洒和集料的撒布同步进行，两道工序集中、同步，促使路面上的碎石颗粒能够和喷洒的黏结剂互相接触。具有流动性特征的热沥青或乳化沥青促进碎石颗粒深埋在黏结剂中，更好地渗入需要填封的裂缝中，从而改善路面的防渗水功能。

同步碎石封层养护技术的主要特点有如下几点。

①该技术养护的路面整体具有柔性的力学特征，可增加路面的抗裂性能、改善龟网裂现象、减少路面反射产生裂缝。

②该技术大大提高了原路面的摩擦系数即防滑性能，在一定程度上恢复了路面的平整度，提高了行车的舒适性。

③局部多层摊铺不同粒径石料，可有效治愈 10 cm 以上深度的车辙、沉陷等病害。

④该技术性价比高，施工设备简单，缩短了黏结剂喷洒与集料撒布的间隔，提高了作业效率，降低了施工成本，可以降低高速公路的维修和养护成本，缓解公路建设资金严重不足的问题。

⑤该技术施工工序简单、施工速度快。

二、乳化沥青稀浆封层

该预防性养护技术是高速公路沥青路面养护的新工艺，也是路面养护新材料、新结构、新技术发展的结果。该技术是以乳化沥青为结合料，加粉料（水泥、石灰、粉煤灰、矿粉等）、添加剂和水按一定的配合比拌和，形成流动状态的沥青混合料，均匀摊铺在路面上而形成沥青表面处置薄层。

这种封层分为普通稀浆封层和慢裂快凝稀浆封层，封层在水分蒸发硬化成型后外观与细粒式沥青混凝土相似，能够有效修复路面的磨损、老化、裂缝、松散等，具有抗滑性能、防水性能，铺筑的路面耐磨且平整。这种养护技术的优点是施工速度快、成本低廉、节约能耗，如在美国 60% 的黑色路面都应用到了稀浆封层养护技术。

乳化沥青稀浆封层技术在高速公路预防性养护中能起到重要的作用，主要有如下几方面：稀浆混合料的集料粒径较细，在路面铺筑成型后与原路面牢固地黏附在一起，形成一层密实的表层，可防止雨雪通过裂缝渗入路面基层；摊铺厚度薄，沥青分布均匀、用量适当，使铺筑的路面具有良好的粗糙度，提高了其抗滑性能；混合料拌和后的稀浆具有良好的流动性，可封闭细微裂缝，改善路面的平整度；乳化沥青良好的黏附性、坚硬的优质抗磨矿料，使铺筑的沥青路面有较强的耐磨性，延长了路面的使用寿命。

三、微表处封层

该养护技术可以有效防止路面水分的下渗，提高路面抗磨耗和抗滑性，修复路面行车车辆对路面的碾压车辙，在施工 1 ~ 2 小时之后就可以开放交通，在一定程度上减缓了施工对于高速公路交通的影响。这种技术也被称为改性乳化沥青稀浆封层，是相对于乳化沥青稀浆封层技术而言的，是在乳化沥青稀浆封层的基础上发展起来的，由慢裂快凝的高分子聚合物改性乳化沥青、100%

破碎的集料、矿粉、水和添加剂组成的稀浆混合物，之所以被称为微表处封层，是因为它的封层厚度为 10 ~ 15 mm，在法国和美国被广泛应用于公路路面的预防性养护中。

这种养护技术是路基路面结构强度充足，仅仅出现表面功能衰减、轻微车辙和不平整时，为恢复路面服务功能而采取的一种养护方法，在修复路面行车车辙和处置路面多种病害中被认为是最有效、最经济的方法之一。该技术的主要功能有：具有非常好的路面封水效果；微表处封层具有很大的构造深度和摩擦系数，改性乳化沥青与集料间的黏结牢固，提高了路面的抗滑性；微表处封层有很好的抗紫外线功能，可以延缓路面材料的老化，是路面的保护层；微表处封层改善了路面的美观性；可以及时修复路面行车的车辙，以及处置其他轻微病害。

第四节　罩面类预防性养护技术

一、概述

罩面类预防性养护技术是一种可持续发展的高速公路沥青路面预防性养护技术，能够修复和恢复公路的表面功能。将薄层沥青混凝土铺筑在足够强度的承重层上，能够提供给路面一个崭新的表面，增加沥青路面的平整度；减小了车辆行驶时的振动，降低噪声；减少了车辆的激烈振动对路面产生的破坏。平整的路面增加了高速公路车辆行驶的舒适性，提高了公路的抗滑能力，增加了行车的安全性。这种技术在一定程度上可以治理高速公路表面的坑洞、裂缝等病害，同时可节约资源、延长路面的使用寿命，具有良好的经济效益和社会效益。

二、冷薄层罩面

冷薄层罩面技术是将乳化沥青或者改性乳化沥青和砂石材料在常温下拌和均匀、摊铺、压实的一种养护技术，它的优点如下。

①节约能源和设备。冷薄层罩面沥青混合料拌和时砂石料不需要加热，节约了大量能源；冷薄层罩面不需要沥青混合料拌和站，具有一定的施工灵活性。

②延长施工季节。这种技术的养护不分季节，不管是秋冬季节，还是春夏季节，只要路面出现了病害就可以及时处理。

③节省沥青用量。由于乳化沥青有良好的黏附性，用于冷薄层罩面的沥青用量是正常沥青用量的 80% ~ 90%。

④减少污染。乳化沥青混合料拌和、生产在常温下进行，因而没有烟气和粉尘排放，对环境不会造成危害。

对于高速公路沥青路面的预防性养护，冷薄层罩面适用于以下情况。

一是由于冷薄层罩面混合料的路用性能不及热薄层罩面混合料，适用于交通量不太大的低等级公路。

二是由于冷薄层罩面对周围温度或湿度要求较低，适用于潮湿或低温环境下需要及时进行预防性养护的路面，以缓解路面病害的扩大与发展。

三、SMA–5 薄层罩面

SMA-5 即公称最大粒径为 4.75 mm 的 SMA 型沥青混合料，细粒式 SMA-5 可作为薄层沥青混凝土罩面应用于高速公路。SMA-5 薄层罩面可用于旧沥青路面的维修工程，以恢复路面的表面性能；可用于新建的沥青路面表面抗滑磨耗层；也可以用于预防性养护，以保护路面的整体性。其上覆层也可以增加路面的结构强度。

SMA-5 传承了 SMA 型级配沥青优良的路用性能，但是 SMA-5 相对于传统的 SMA 型沥青混合料有以下区别。

① SMA-5 公称最大粒径小，具有更小的摊铺厚度（按照摊铺厚度和公称最大粒径 3：1 的规则摊铺，SMA-5 最小摊铺厚度为 15 mm），可作为薄层罩面进行预防性养护。

②由于 SMA-5 集料粒径小，细集料多，SMA-5 罩面层内部空隙率小，因而抗渗水性能相对较好。

（一）SMA–5 薄层罩面的优点

1. 良好的路用性能

这种沥青混合料来自均匀拌和，混合料的粒径小，施工的过程中不容易产生离析现象，铺筑的高速公路路面均匀一致，具有漂亮的路面外观。SMA-5 是良好的沥青结合料且粗集料能够形成骨架，有优越的高温稳定性。由于这种薄层罩面对沥青玛琋脂有很好的黏结作用，使得公路具有抗低温变形的能力；由于具有较低的空隙率且在玛琋脂作用下，耐水稳的能力出色。

2. 良好的抗滑性能

SMA-5 薄层罩面技术使高速公路具有平整的表面，在路面上行驶的车辆能够平顺的行车，有更舒适的行车效果；SMA-5 薄层罩面较好的构造深度，使得车辆不管是在晴天还是雨天，都具有良好的抗滑性能，有效改善了行车质量。

3. 良好的抗噪声性能

SMA-5 具有的密实性、粒径小的细、粗集料等混合料，是降低路面噪声的首选，符合欧洲低噪声路面的标准，可以降低 6% ~ 8% 的行车噪声。适用于路面标高受限的情况，在罩面方面有良好的应用。

4. 施工时间短

由于这种罩面的摊铺厚度薄，铺筑之后散热也比较快，因此这种罩面的施工速度比其他沥青混凝土的施工速度要快，封闭交通的时间也短，有利于维护良好、畅通的交通。

（二）SMA-5 薄层罩面的缺点

1. 对混合料配比的控制要求高

SMA 型沥青混合料的特点就是"三多一少"，即"粗集料多、矿粉多、沥青多、细集料少"，过多的沥青用量需要通过掺加纤维进行稳定。因此对 SMA 型混合料配比的控制比常规的 AC 型沥青混合料的高，特别是对于纤维用量的控制和沥青玛琋脂用量的控制。纤维用量通过外部纤维投放设备控制，稳定性相对较差，纤维投放偏少会引起泛油；纤维投放过多会引起混合料干涩从而影响其使用性能。沥青玛琋脂指沥青、纤维稳定剂、砂粉以及少量的细集料组成的填充物，沥青玛琋脂偏多则 SMA 型路面构造深度小，影响路面抗滑、降噪等性能。沥青玛琋脂偏少则混合料骨架填充物少，影响 SMA 型路面的密水性及混合料的耐久性等性能。

2. 施工温度控制要求高

SMA-5 沥青用量多，且厚度更薄，混合料温度容易散失。这使得混合料在生产、摊铺和碾压环节都必须对混合料温度进行严格的控制，温度偏低易造成混合料压实困难、压实度不足、渗水等问题。

3. 造价高

SMA 型沥青混合料因其沥青、矿粉用量多，其造价往往较高，而 SMA-5 较 SMA-13 每吨造价高约 10%。

（三）施工机械、设备要求

SMA-5 薄层罩面不需要特别的拌和设备和摊铺设备，利用常规的沥青路面拌和及摊铺设备即可施工。

1. 温度控制要求

SMA-5 采用改性沥青和纤维稳定剂，且摊铺厚度较薄，其混合料对温度敏感性较高，需做好混合料温度的控制。

①沥青拌和温度控制。现场制作：165 ~ 170 ℃；沥青加热≤ 180 ℃；矿料加热≥ 190 ℃；混合料出厂：175 ~ 185 ℃；贮料≤ 10 ℃；混合料≤ 200 ℃。

②摊铺、碾压。混合料出厂在 175 ~ 185 ℃，摊铺≥ 165 ℃；碾压的初压≥ 160 ℃，复压≥ 140 ℃，碾压的终压≥ 120 ℃。

2. 拌和要求

SMA-5 采用的间隙式沥青拌和机必须配备纤维稳定剂投料装置，把专用纤维添加到专用的拌和锅中，在投入粗、细集料之后立即加入专用纤维，且能够自动进行拌和，在干拌几秒钟之后再投入矿粉，在冷态条件下添加纤维的时机要同步于拌和机的拌和周期。这样总干拌的时间就比普通沥青混合料的干拌时间多出来几秒钟，条件许可的情况下可适当再增加拌和时间。

3. 纤维用量的保证

拌和时必须从以下几个方面入手控制纤维的投放量。

①纤维投放机的稳定性，包括纤维投放时机信号控制、纤维投放量标定等。

②纤维投放机内纤维的人工投放与打散。施工时需要人工将纤维投入纤维投放机内，需随时保证投放机内的纤维量，同时适当将成团的纤维进行人工打散。

③纤维的潮湿程度，潮湿的纤维会增加纤维的重量，从而影响纤维的投放量。

四、温拌沥青混合料罩面

热拌沥青混合料技术成熟，但是施工时烟雾大、对施工环境要求高、会消耗很大的能源；冷拌沥青混合料在环保和能耗方面有优势，但其路用品质差，不适用高速公路。温拌沥青混合料的拌和温度介于热拌沥青混合料、冷拌沥青混合料的拌合温度之间，其拌和温度一般保持在 110 ~ 120 ℃，摊铺和压实温度为 80 ~ 110 ℃，性能达到或接近于热拌沥青混合料的新型混合料。温拌沥青混合料与其他沥青混合料的比较如表 7-5 所示。

表 7-5　三种沥青混合料对比

指标	冷拌	热拌	温拌
拌合温度 /℃	10 ~ 40	150 ~ 180	110 ~ 120
性能	不稳定	好	好
能耗	低	高	节约 20% 左右
有害气体	低	大	小
经济成本	低	一般	高
施工	方便	有限定	工期长、运输方便
应用	养护	广泛，技术成熟	起步阶段

（一）技术原理

温拌沥青混合料是通过一定的技术措施，使得沥青能够在较低的温度下裹覆在集料上，具有良好的黏结作用和润滑作用。这种技术的关键是要控制拌和温度和压实温度，保证沥青的黏结和润滑作用，从而保证沥青和集料之间的黏结力，使得混合料易于成型、矿料颗粒容易就位，而不致混合料松散或被压碎。

1. 引入水分

在沥青混合料拌和的过程中，通过载体引入或者直接引入的水与热熔状的沥青接触，这时候会产生大量的蒸汽热熔沥青变为泡沫沥青，使得沥青在较低的温度下能够包裹集料并进行拌和、压实。这种技术中引入的水分总量、引入水的方式和热熔状沥青的温度直接影响了混合料的拌和效果。在利用这种技术原理实际生产温拌沥青混合料中，不同厂家的情况如表 7-6 所示。

表 7-6　温拌沥青混合料生产实例

厂家	技术原理	降温效果／拌合温度
PQ	含水量约 20%，占混合料 0.3%	降温 25 ~ 30 ℃
Hubbard		降温 25 ~ 30 ℃
Fairco	部分集料含水分发泡	拌合 < 100 ℃
Nyna	占混合料 0.5% ~ 1%	90 ℃

厂家	技术原理	降温效果 / 拌合温度
Shell	软沥青和水产生泡沫,硬沥青并掺抗剥落剂	110 ~ 120 ℃
Mead Westvaco	乳化沥青中水分产生泡沫,并掺抗剥落等多种改性剂	85 ~ 115 ℃
Astec	改进设备直接加水产生泡沫,占沥青的1% ~ 2%	116 ~ 135 ℃
Terex		120 ℃左右
Genco		120 ℃左右

2. 加入低熔点的有机物

低熔点(90 ℃左右)的有机添加剂加入沥青混合料中,改变沥青的黏温曲线从而降低拌和温度(≥ 90 ℃)。这种技术原理中要注意以下两点:①有机添加剂的熔点要高于环境的最高温度;②在低温时会不会影响沥青变脆。所以要根据实际的路面情况和路面所处的环境,慎重地选择所要添加的有机物。不同的厂家在利用这种技术原理生产沥青混合料中,都可以达到降温20 ~ 30 ℃的效果,如表 7-7 所示。

表 7-7 不同厂家的降温效果

添加剂名称	厂家	技术原理 (占沥青百分比)	降温效果
Sasobit	Sasol Wax	2%	
Asphaltan-B	Romonta	2.5%	降温 20 ~ 30 ℃
Licomont BS100、Subit	Clariant	3%	

(二)技术特点

温拌沥青混合料通过温拌技术,实现拌和温度降低 30 ℃左右,利用这种技术进行路面预防性养护或轻微、中等病害的表面处理时,可以提高路面抗滑性能、改善行驶质量、校正表面缺陷、减小噪声。得益于温度的降低,相对于热拌沥青混合料罩面,温拌沥青混合料罩面具有如下优势。

①可以降低沥青及矿料的加热温度,降低燃油成本和机械损耗,还能减少像二氧化碳等有害气体及粉尘的排放量,降低环境污染。

②改善了薄厚度沥青混合料(1.5 ~ 2.5 cm)不容易压实的弊端,充分保

证了超薄沥青罩面结构的压实性，弥补了由于添加温拌剂的同时引入的水分不被流失，提高了路面的使用性能。

③由于拌合温度和压实温度较低，摊铺 20 分钟之后就可以使用，减少了对紧张的高速公路交通的影响，低热排放量也可以降低向环境排放的总热量，缓解地表温度，响应低碳环保的绿色行动。

④温拌沥青混合料罩面解决了热拌沥青混合料罩面在秋冬温度较低季节不宜施工的问题，从而延长了施工季节，延缓了路面病害发展。

虽然温拌沥青混合料罩面技术优点较多，但是该技术也存在着一定的问题。相对于技术比较成熟的热拌沥青混合料罩面，这种技术的成本还是比较高的，也就提高了高速公路的建设成本。由于在低温条件下，利用这种技术的路面强度明显下降，存在水损害的现象，还需要添加适量的消石灰以提高路面的抗水损害性能。

（三）施工工艺

①在施工之前，需要对原路面进行相关的检测和处理，对于坑槽的修补，需铣刨过后用切割机对坑槽外边缘进行修整。

②温拌剂用量在沥青用量的 5% ~ 15% 之间，温拌剂的喷洒时间在 8 ~ 10 s内，保证在沥青喷洒结束之前完成温拌剂的喷洒。

③摊铺厚度采用非接触式平衡梁控制方式，紧密拼接，不能有缝隙，摊铺速度为 3 ~ 4 m / min。

④初始碾压：120 ~ 130 ℃，复压：90 ~ 110 ℃，终压：60 ~ 90 ℃，碾压完成：50 ~ 60 ℃。压实后路面 50 ℃以下，可开放交通。

五、Novachip

超薄磨耗层（Novachip）是一种超长耐久的表面层，由具有超强黏结能力的改性乳化沥青和高性能的间断半开式级配改性热沥青混合料组成，使用专用施工设备施工。Novachip 快速修补技术是一种性能优良、造价经济、施工快速的养护维修技术。主要应用于高等级沥青路面或水泥路面的预防性养护和轻微病害的矫正性养护，也可以作为新建道路的表面磨耗层，具有造价低、服务寿命长、工期短、开放快、降低噪声、易于养护等特点，可有效改善路面的使用品质。

（一）Novachip 的组成

1. 改性乳化沥青防水黏层

Novachip 采用专用的改性乳化沥青，这种乳化沥青具有封层和黏层双重作用，易于喷洒且破乳速度快，可提供热拌料与路面之间超强的黏结力，同时起到防水的作用。

2. 超薄高性能热罩面层

Novachip 采用 15 ~ 25 mm 厚的间断级配改性热沥青混合料，可保证黏结层有足够的上升空间，具有特强的黏结力，可抗老化、抗滑、防噪、防水雾。

3. 专用设备 Novapaver 摊铺机及普通压路机

Novapaver 摊铺机与传统的摊铺机相比，增加了一个乳化沥青储存罐，储存罐还具有保温的功能，确保施工过程中乳化沥青温度不会损失过快。在摊铺机行进过程中，将乳化沥青输送到混合料出料口前的喷头，并按照设定的流量进行喷洒，后续接着摊铺罩面混合料，乳化沥青可以将原路面与摊铺的沥青混合料牢牢黏结在一起。Novapaver 摊铺机使改性乳化沥青喷洒与混合料摊铺同时进行，经压路机压实以后一次成型。其摊铺速度为 10 ~ 30 m/min，是普通沥青摊铺速度的 3 ~ 15 倍，且不用预先洒布黏层油，碾压方式也快速简单。

（二）功能特点

使用这种技术的路面能够改善行车质量，有高等级公路抗滑性能。这种技术符合现代高速公路沥青路面预防性养护技术的发展方向，有广阔的发展前景。国外应用情况表明，Novachip 技术可以延长路面 8 ~ 10 年的使用寿命。从近几年 Novachip 技术的使用和长期性能观测结果看其有如下的特点：可保护养护路面的整体性；是对旧沥青路面实施预防性保护的又一个层次；能够起到预防和恢复路面表面功能的作用；罩面的厚度能够满足桥梁的营运安全要求，可确保桥面铺层不受到水损害，因此适宜用作高速路桥面的预防性养护；施工的时间短、速度快，能够较快地开放交通，减缓高速公路交通压力；能充分利用旧路面，节能环保；还能改善路面的平整度。Novachip 对施工环境有要求和限制，当环境温度低于 8 ℃或路表温度低于 10 ℃时不应进行施工，下雨时不应进行施工。

在实际工程施工中，摊铺机上的乳化沥青使用完后，需要停止摊铺机后才能进行乳化沥青的添加，不但影响了施工的连续性，浪费了施工时间，而且对磨耗层的平整度也造成了影响。

（三）适用条件

Novachip 并不能对原路面病害进行有效治理，同样也不是在任何路况下都能使用。主要适用于以下路况：路面出现轻微裂缝、中等病害、轻微剥落、离散等非结构性病害情况；路面光滑，摩擦系数不够或路面纹理深度不足；行驶过程中路面噪声过大；路表面横向排水不畅等。

（四）施工工艺

1. 施工要求

①路面要求。旧路的强度应处于较好状态，当旧路出现裂缝、车辙、坑槽等病害时，需采用铣刨回铺热拌沥青混合料或灌缝的方法，彻底处理原路面的严重病害，满足条件后方可施工。

②天气要求。Novachip 施工过程中，现场环境温度不得低于 8 ℃或路表温度不得低于 10 ℃，路面必须整洁干燥。

2. 施工流程

Novachip 施工流程如图 7-6 所示。

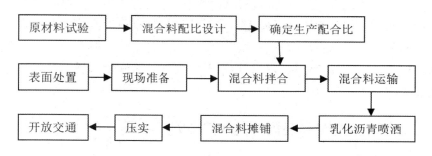

图 7-6 Novachip 施工流程图

3. 施工关键技术环节

①拌和。Novachip 混合料采用间歇式拌和楼进行拌和，拌和时矿料温度控制在 180 ~ 190 ℃，沥青加热温度控制在 165 ~ 175 ℃，拌和温度控制在 170 ~ 180 ℃，有效拌和时间为 30 ~ 45 s。拌和成品料应均匀一致，无粗细料离析和结团现象。

②乳化沥青喷洒。Novapaver 一次性完成喷洒、热沥青混合料摊铺及熨平。喷洒量要求精确计量，以保证路面的均匀摊铺。乳化沥青喷洒后在 5s 内进行热沥青混合料摊铺。

③摊铺。热沥青混合料摊铺温度宜控制在 150 ~ 170 ℃，必须在乳化沥青

喷洒后进行摊铺，由电加热的振动熨平板进行熨平。

④碾压。摊铺后，压路机紧接着碾压，采用 9 ~ 12 t 的双钢轮压路机静态碾压三遍，在路面温度达到 60 ℃以下时开放交通。

第五节　预防性养护的新发展

一、概述

材料方面的创新和突破一直是带动预防性养护技术发展的重要动力。从历史的角度看作为养护材料核心的沥青一直在向改性和乳化两个方向发展。

改性沥青的发展大大改善了普通沥青的高温抗车辙、中温抗疲劳、低温抗裂缝的性能。乳化沥青的发展使各种预防性养护可从热态施工的方法转变为冷态施工。

改性沥青和改性乳化沥青的应用使得改性雾封层、改性石屑封层、改性稀浆封层、改性薄层罩面被广泛应用，它们的性能都有很大改善。在预防性养护中，最初使用改性沥青和改性乳化沥青时，只是看重于一般性地对沥青性能的改善，但在随后的发展中新养护材料的开发更加注重和针对预防性养护的特点来发展。

二、改性沥青材料在预防性养护中的新发展

在各种改善沥青性能的方法中，聚合物改性沥青是最为成功的一种，聚合物改性沥青按其加入的高聚物改性剂的性质可以分成弹性类聚合物改性沥青和塑性类聚合物改性沥青两大类。目前最常使用的弹性类高聚物改性剂有天然橡胶、苯乙烯-丁二烯橡胶（SBR）、苯乙烯-丁二烯-苯乙烯嵌段共聚物（SBS）等，最常用的塑性类高聚物改性剂有聚乙烯（PE）、聚丙烯（PP）、乙烯醋酸（EVA）等。各种高聚物改性剂根据自身的物理性质，可以从不同的方面来改善沥青的路用性能。

目前广泛应用的 SBS、SBR、EVA 等改性沥青的作用机理主要是物理的熔融、弥散与交联作用，改性剂在热沥青中通过高强度的机械剪切研磨，使它们以微米级的形态溶胀和均匀地分布在基质沥青中形成物理交联的网络结构，从而将高聚物的特性传递给基质沥青。这种物理混溶的机理很大程度上受到高

聚物改性剂与基质沥青相容性的影响，在两者相容性好的配伍中，改性剂被沥青中的轻质油分溶胀，以很小的微粒纠缠在沥青中而形成一种连续的网状结构。在相容性不好的配伍中，改性剂不能形成微粒而向上浮在沥青中，是不连续的相位结构，从而大大降低了聚合物的改性效果。对于相容性较差配伍，为改善其相容性通常只能依靠强化混溶处理，在高温、高压、长时间的机械剪切研磨的高强度处理条件下获得所期望的改性效果，因而所消耗的能源也将大大增加。

（一）改性沥青材料新趋势

在分析现代改性沥青材料的发展方向时，可看到为克服传统沥青改性方法的缺点而出现的一些新趋势，它们可归纳为以下几点。

①改变单一改善沥青某方面性能的思路，采用多种复合的方法全方位地改善沥青的高温抗车辙、中温抗疲劳、低温抗开裂的性能。

②改变单纯依靠物理混溶机理达到均质改性的思路，采用不同的物理和化学机理或物理与化学机理的复合作用来提高沥青改性的效果。

③简化改性沥青的制备方法，减少能源消耗、降低碳排放污染。

④采用新的改性材料或直接采用高聚物材料取代沥青作为高性能的结合材料。

（二）改性沥青新材料的新发展

以上改性沥青材料的发展趋势同样体现在预防性养护材料的新发展中。

1. 高黏度改性沥青

提高改性沥青的黏度、增加沥青膜的厚度，从而改善黏结材料的黏附性、密水性，提高其抗老化、抗剥落，抗疲劳的能力，一直是预防性养护黏结材料发展的重要方向。目前技术成熟、应用广泛的主要是高用量的 SBS 改性沥青。

高黏度的 SBS 改性沥青，其 SBS 的用量通常为 6% ～ 12%。提高 SBS 的用量可迅速提高结合料的稠度，从而改善它的高温性能、增加沥青膜的厚度、提高与集料之间的裹覆能力和抗疲劳能力。通常高黏度的 SBS 改性沥青的软化点为 80 ～ 90 ℃，60 ℃的零剪切黏度则为 20 000 ～ 40 000 Pa·s。高黏度 SBS 改性沥青是一种非牛顿流体，其黏度与剪切速率有关，其 60 ℃的黏度之所以能达到如此高的数值是 SBS 大分子的多次缠绕造成的，要解开这些缠绕需要很大的剪切力，但随着剪切速率的增加，黏度会迅速下降，因此零剪切黏度很高并不能完全代表它在实际工作中的高温性能。

2. 高黏度橡胶沥青

橡胶沥青是利用废轮胎在常温下碎化而成的橡胶屑制作的改性沥青，按照作用机理和加工工艺可以分为橡胶改性沥青和沥青-橡胶两大类。前者将精细的橡胶粉作为改性剂与基质沥青在高温、高压、长时间、强力剪切研磨的高强度处理条件下加工成一种类似于 SBR、SBS 的均质型类改性沥青材料。后者采用低强度的溶胀处理工艺，将粗粒径的橡胶屑在高温沥青中进行一小时左右的溶胀处理，使橡胶颗粒的表面与沥青中的轻质油分混溶而形成一种其核心仍保持着固体颗粒状态而外层为凝胶体的物质。它们悬浮在高温沥青的液相中增大了结合料的流动阻力，导致结合料黏度大幅度提升，当它们与矿料一起拌和成混合料时，这些包裹着橡胶颗粒的凝胶物质将会增大集料之间的摩擦阻力，从而大大增强了混合料抵抗外力推移的能力。在两大类橡胶沥青中，沥青-橡胶在预防性养护中应用更为广泛。

沥青-橡胶结合料是一种高品质低成本具有废橡胶再生利用概念的结合料，它能全方位地改善沥青混合料的路用性能，具有良好抗车辙、抗疲劳、抗水损害、抗低温裂缝和反射裂缝的能力。高黏度的特性，使喷洒在路面上的结合料不会随意流动，因而可大大增加沥青膜的厚度，这一特点尤其适用于预防性养护中的石屑表面封层、防水黏结层和应力吸收层。

3. 复合改性与复配改性沥青

单一的高聚物改性剂往往主要只能改善某一方面的沥青性能，复合改性沥青是将两种改性剂复合在一起取长补短，互为补充，以达到更全面改善沥青性能的目的。例如，将弹性类的聚合物与塑性类的聚合物复合在一起，可以达到既能改善沥青的高温性能，又能改善沥青低温性能的目的。

在预防性养护中，目前发展较快的复合改性沥青是 SBS 改性沥青和废轮胎胶粉的复合改性沥青。在沥青中加入 10% 以上的胶粉和 3% 左右的 SBS 改性剂，可大幅度提高单一 SBS 改性沥青的黏度，从而增加喷洒在原路面和裹覆在集料上的沥青膜厚度。

复合改性沥青的进一步发展是将多种改性材料按一定的配方与沥青复合在一起，称为复配改性沥青，以期更有针对性地改善沥青的性能。例如，在沥青中加入溶剂型有机硅等活性材料来改善结合料与原沥青路面的黏结力，提高路面抗老化的性能和沥青混合料的抗水损害能力；加入有温拌概念的有机物防黏剂来改善混合料的抗车辙能力，降低其拌和温度、能源消费和温室气体排放。

4. 反应性聚合物改性沥青

为克服物理改性方法的缺点，聚合物改性沥青在近年来的发展中一直寻求改变单纯依靠物理混溶机理，而采用化学改性或物理－化学改性的思路，以获得更为理想的改性效果。化学改性的思路就是希望聚合物能与沥青发生一定的化学反应，因而此种改性沥青常称为反应性聚合物改性沥青。

近年来出现了许多化学改性的专利产品，如美国杜邦公司的 Elvaloy、德国路可比公司的 Lucobit、法国 PRI 公司的 Industrie 等聚合物改性剂。反应性聚合物改性沥青的共同点是在聚合物的基础上添加功能性的分子基因，聚合物与沥青发生化学反应，使聚合物与基质沥青能够更好地结合在一起。美国杜邦公司的 ElvaloyTM 是一种弹性体三元共聚物（RET），它由乙烯、丙烯酸正丁酯、甲基丙烯酸缩水甘油（GMA）组成。当聚合物与热沥青拌和在一起时，GMA 的分子起着与沥青发生化学反应的作用，提高了弹性体共聚物把自身优良性质传递给沥青的程度。RET 通常与多聚磷酸（PPA）合用有着极好的抗车辙、抗疲劳、抗低温裂缝和抗水损害的性能。

由于与沥青的化学反应作用，反应性聚合物改性沥青的另一个特点是可以不用高强度的机械剪切研磨，采用简单的搅拌或直接投入拌缸，聚合物就能与沥青形成良好的结合，从而大大简化了改性沥青的生产工艺。

5. 非沥青的黏结材料

在预防性养护中一些交通和环境载荷特别恶劣场合也常采用某些高性能的黏结剂作为黏结材料。例如，环氧树脂石屑封层常用于重载交通、陡坡、半径很小的弯道、十字交叉路口等条件恶劣部位的养护作业。环氧树脂是一种热固性的树脂类聚合物，它有着极好的高温抗变形和保持黏结力的性能，用于石屑封层可以大大加强石屑的黏附力，但价格昂贵通常只能用于有特殊要求的场合。其他的热塑性树脂如丁二烯－苯乙烯树脂等也常用于预防性养护的黏结材料等。

溶剂型的有机硅黏结剂是近些年来发展很快的一种新型的预防性养护材料。有机硅是一种含有硅原子的高分子聚合物，由于有机硅的独特结构，使它兼备了无机和有机材料的性能，具有表面张力低、黏温系数小、既耐高温又耐低温、抗氧化和抗紫外线老化、亲油憎水、耐腐蚀、绝缘性等一系列优良性能，是当前广泛应用于航空航天、电子电气、建筑、汽车、纺织等行业的新材料。将有机硅聚合物溶于具有高渗透性的环保型溶剂中，可以制成一种油基型的预防性养护黏结材料，它具有很强黏附性、浸润性和渗透性，且具有极佳的耐老化性能、抗水损害和抗低温开裂的能力。

三、乳化沥青材料在预防性养护中的新发展

化学表面活性可以改善乳化沥青的性能，在高性能乳化沥青的乳化技术中有着很重要的作用，常规的改性乳化沥青只能改善乳化沥青的一般性能，而要有针对性地改善用于高速公路沥青路面的预防性养护沥青的性能，还需要有针对性地开发表面活性剂。例如，多种主动型黏附剂可以提高沥青与潮湿集料之间的黏结力；破乳促进剂可以加快破乳的速率；稳定剂则能减缓破乳的速率；增黏剂可以提高乳料的黏度等。因此表面活性剂的灵活应用也是乳化沥青材料的一个重要发展方向。合适的表面活性剂可以改善高速公路乳化沥青的路面应用性能，达到养护的目的。

（一）高漂浮度乳化沥青

在造纸的过程中会产生妥尔油的副产品，妥尔油含有具有表面活性的化学成分，可以用来破乳，还能提高乳化剂的黏度，所以采用妥尔油作为乳化剂的阴离子乳化沥青被称为高漂浮度乳化沥青。

用妥尔油制作的乳化沥青，妥尔油仅仅作为乳化剂参与破乳，使得沥青形成管状的凝胶体，从而大大改善复原沥青的性能，增大流动阻力，增加高速公路路面的沥青膜厚度，提高高速公路的密水性和抗剥落性能，提高沥青黏度，改善公路的高温性能。采用针入度为 100 ~ 150 的软沥青，可以改善复原沥青的低温性能。由于含有妥尔油的乳化沥青价格低且适用于石灰岩等碱性集料，所以被应用在各种类型的石屑封层，以延长公路的养护周期。

为了改善高漂浮度乳化沥青与潮湿、带负离子石料之间的黏结力，近年来一个值得注意的新发展是通过某些化学助剂开发高黏度的阳离子高漂浮度快裂型乳化沥青。在美国型号是 CHFRS-2 和 CHFRS-2P 的沥青就是这一类型的乳化沥青，其 CHFRS 表示阳离子高漂浮度快裂，2 表示高黏度，P 表示加有改性剂。

基质沥青中加有 3%SBR 改性剂的 HFRS-2P 被认为是最有发展前景的石屑封层用的新黏结材料，美国得克萨斯州 CHFRS-2P 的技标准如表 7-8 所示。

表 7-8　美国得克萨斯州 CHFRS-2P 的技术标准

试验项目	技术要求	实验方式
赛波特黏度，50 ℃	100 ~ 400 s	
储存稳定性试验，24 h	≤ 1 %	
反乳化度，35 mL，0.8% 琥珀磺酸二辛钠	≥ 60 %	
过筛试验	≤ 0.10 %	AASHTO T59
粒子电荷试验	正	
蒸馏试验：油分含量，蒸发残留物含量	≤ 0.5 %，≥ 65 %	
聚合物含量	≥ 3.0 %	Tex-533-C
软化点	≥ 54 ℃	AASHTO T53
漂浮度，60 ℃	1 800 s	AASHTO T50
针入度，25 ℃，100 g，5 s	80 ~ 130 mm	AASHTO T49
动力黏度，60 ℃	≥ 1 300 Po	AASHTO T202
三氯乙烯溶解度	≥ 95%	AASHTO T44
弹性恢复，10 ℃	≥ 55%	AASHTO T301

（二）乳化橡胶沥青

乳化橡胶沥青是以废轮胎橡胶作为原料的改性沥青材料，符合资源再利用的绿色概念，是冷态施工沥青材料的新亮点。将含有轮胎橡胶屑的沥青进行乳化，关键是要让橡胶颗粒溶胀和弥散在基质沥青中，这对于相容性很差的橡胶颗粒（即使是粒径很细的橡胶粉）来说，在技术上有着相当大的难度。随着科技的发展，橡胶沥青的乳化技术有了很大发展，乳化橡胶沥青的制备工艺主要有溶剂法和直接乳化法，在实践中已经有了一定的应用。

1. 溶剂法

溶剂法是将精细的橡胶粉在石油溶剂中浸泡，使其成为一种半溶胀状态的分散体系，然后再与阳离子乳化沥青搅拌成橡胶沥青乳液。为了使橡胶沥青乳液保持其稳定性能，通常需要添加稳定剂，如与 SBR 改性剂复合使用则效果会更好。美国某公司采用由 40% ~ 50% 胶粉制成的半溶胀橡胶沥青母体 RG-1，与含有 3%SBR 的慢裂快凝型阳离子改性乳化沥青拌和成乳化橡胶沥青

（RG-1 的用量为 5% ~ 8%），作为微表处技术封层用的结合料。

2. 直接乳化法

直接乳化法是将橡胶沥青直接作为基质沥青按照乳化沥青的工艺进行乳化，这一方法的关键和前提是橡胶沥青必须是一种胶粉完全溶胀在沥青中的均质材料。为了制备均质的橡胶改性沥青，通常有以下两种方法：一种是借助于某些化学相溶剂（表面活性剂或其他化学助剂）在常规的改性沥青设备上进行；另一种是依靠提高处理的强度，在高温、高压、强力剪切研磨的条件下经过长时间的熬炼使橡胶屑完全降解和溶胀于沥青中。

（三）工程设计乳化沥青

预防性养护技术的设计和施工与具体的工程应用条件，如原路面的条件、集料的条件、气候与交通负荷的条件以及施工材料的运输条件等有着密切的关系。单一品种的乳化沥青很难满足不同应用条件对黏结材料的要求，因此如何使乳化沥青的性能成为可控的，能根据具体的工程应用条件来调节其性能就成为养护作业用乳化沥青材料发展的一个重要方向。

表面活性剂的迅速发展为实现上述目标提供了可能。灵活应用多种化学活性剂就可能根据具体的工程条件复合配制出满足特定工程要求的乳化沥青材料，在美国这种沥青被称为工程设计的乳化沥青。

工程设计的乳化沥青不仅常用于稀浆封层、超薄结构磨耗层等预防性养护技术，而且被广泛应用于冷、温拌沥青混合料和各种冷再生技术中，它可以大大改善沥青对集料的裹覆性能。

（四）水溶性新材料的发展

许多高性能的聚合物材料都是不溶于水的油基性材料，其中最典型的是环氧树脂材料。环氧树脂以其优良的高温性能、良好的黏附性能、高的拉伸剪切强度以及抗疲劳、抗水、抗油、抗化学腐蚀的特点而成为一种高性能的黏结材料。但是环氧树脂是一种热固性的油基材料，不溶于水而只能溶于有机溶剂中，环氧树脂作为黏结材料不仅需要有机溶剂而且配制工艺复杂，价格昂贵，而且溶剂挥发还会污染环境。因此，环氧树脂通常只能用于预防性养护的某些具有高要求的场合。

如何改变环氧树脂的亲油性，使其水性化而制成水溶性、乳化性的新材料，则成为环氧树脂材料进一步发展的方向。近些年来没有有机溶剂的水性化涂料发展十分迅速，已有不少成熟的技术在应用，这一趋势正在向其他许多领域，包括路用材料的领域扩展。环氧树脂水性化的方法大体上可分为四种。

1. 机械法

事先将环氧树脂研磨成粉末和乳化剂混合，加热至适当温度，在高速剪切搅拌下逐渐加水而形成乳液。由于环氧树脂与水的相溶性差，因而分散相的微粒尺寸较大，乳液的稳定性差，需要用更多的乳化剂。此种方法虽然简单，但乳液质量不高，通常较少采用。

2. 相反转法

相反转法指在高剪切研磨的条件下先将表面活性剂与液体环氧树脂混合、分散均匀后，然后缓慢加水，随着水量的增加，整个体系从油包水型转变为水包油型，形成均匀稳定的水可稀释的乳液，乳化过程通常在常温下进行。这种方法简单可靠，是目前制备环氧树脂乳液最常用的方法，可获得微米级的乳化环氧树脂。

3. 化学改性法

这种方法具有自乳化的特性，将某些亲水性的功能基团引入环氧树脂分子链上，或嵌段或接枝，当向改性聚合物加水时，疏水性聚合物分子链会聚集成微粒，离子或极性基团就分布在这些微粒的表面，由于同种电荷相互排斥，在满足一定的动力学条件下，就可形成一种稳定的水性环氧树脂体系。化学改性可以获得很小尺寸的分散相微粒，从几十纳米到几百纳米。当微粒尺寸较大时为乳液，当微粒尺寸为纳米级时则成为透明的水溶液。这种方法需将很大部分的树脂进行亲水性的改性，所以成本很高。

4. 固化剂乳化法

在这一方法中采用有亲环氧树脂分子结构的水分散型的固化剂，这种固化剂具有交联的作用又具有乳化的作用，在使用前将环氧树脂与固化剂混合可制成稳定的水乳液。固化剂乳化法是一种有良好应用前景的环氧树脂乳化方法，其缺点是适用期短，固化剂不能长期储存。

参考文献

[1] 严战友，崔冬艳，夏勇．山区高速公路施工安全与管理 [M]．成都：西南交通大学出版社，2018．

[2] 袁胜强，郑晓光．高速公路改扩建设计理论与实践 [M]．北京：中国计划出版社，2017．

[3] 杨涛．高速公路标准化施工工艺规范——蓬莱至栖霞高速公路建设实例 [M]．北京：科学技术文献出版社，2017．

[4] 史建峰，陆总兵，李诚．公路工程与项目管理 [M]．北京：九州出版社，2017．

[5] 晏秋．高速公路管理与控制 [M]．成都：西南交通大学出版社，2016．

[6] 吴景海，王德群，邓国瑞，等．沿海地区高速公路病害精确诊断评价及维修关键技术研究 [M]．沈阳：东北大学出版社，2015．

[7] 张志耕，崔潋，程国义．高速公路设计与施工关键技术后评价研究 [M]．天津：天津大学出版社，2016．

[8] 谢峰．高速公路路面管理智能决策模型研究 [M]．成都：西南交通大学出版社，2015．

[9] 芮勇勤，邓国瑞，梅崇文，等．高等重交通半刚性基层典型沥青路面结构优化与抗车辙力学特性研究 [M]．沈阳：东北大学出版社，2015．

[10] 王国清，王庆凯，刘桂君，等．高速公路沥青路面关键技术 [M]．北京：人民交通出版社，2014．

[11] 侯永生，许永喜．沥青路面施工技术问答 [M]．北京：中国铁道出版社，2014．

[12] 孙立军．沥青路面结构行为学 [M]．上海：同济大学出版社，2013．

[13] 陈渊召，张舒畅，徐莆．刚柔组合基层沥青路面研究及应用技术 [M]．郑州：黄河水利出版社，2013．

[14] 郑木莲，李海滨，孟建党，等．沥青路面养护与维修技术 [M]．北京：中国建筑工业出版社，2012．

[15] 王艳 . 水泥稳定碎石基层沥青路面开裂机理研究 [M]. 南京：河海大学出版社，2012.

[16] 杨书祥，马士宾 . 沥青路面结构可靠性分析与维修 [M]. 北京：中国建材工业出版社，2010.

[17] 谷建玲 . 高速公路沥青路面病害及养护方法 [J]. 交通世界，2018（16）：64-65.

[18] 李芳珍 . 高速公路沥青路面检测方法及重点 [J]. 交通世界，2018（09）：36-37.

[19] 栗东方 . 高速公路的沥青路面养护技术分析 [J]. 山西建筑，2018，44（14）：167-168.

[20] 王路 . 高速公路沥青路面的水损坏及其防治措施 [J]. 交通节能与环保，2018，14（06）：90-92.

[21] 郭铁麟 . 高速公路沥青路面的养护与维修 [J]. 交通世界，2017（07）：44-45.

[22] 李魁德，袁兴湖 . 高速公路沥青路面病害与治理措施 [J]. 交通世界，2017（35）：7-8.